中国著名会计学家 郭道扬 作序推荐

21世纪普通高校会计学系列精品教材

会计综合实验教程

王秀芬　主编

清华大学出版社
北 京

内容简介

本书以市场为导向，以培养应用型会计人才为目标，同时考虑财会法规的最新发展趋势，框架设计合理、内容科学完整、仿真效果好、实用性强。在内容安排上，以某制造业企业一个会计期间的主要交易和事项为例，设计了整个会计循环过程的部分主要业务。通过实际操作，不仅可使学生掌握会计核算的全部过程，而且能使学生切身体会主要会计岗位的具体工作，从而能够比较系统、全面地了解制造业企业的会计核算。

本书模拟实际业务，仅提供原始凭证，不做业务阐述，可以有效培养学生综合分析问题和解决问题的能力，有利于提高学生的实际操作技能。

本书适用于会计学、财务管理和审计学等专业会计综合模拟实验课程的教学，也可作为成人教育、自学会计学知识人士的实训用书。

图书在版编目(CIP)数据

会计综合实验教程 /王秀芬主编．--北京：清华大学出版社，2013（2017.1 重印）
（21 世纪普通高校会计学系列精品教材）
ISBN 978-7-302-32153-8

Ⅰ.①会…　Ⅱ.①王…　Ⅲ.①会计学－高等学校－教材　Ⅳ.①F230

中国版本图书馆 CIP 数据核字(2013)第 083204 号

责任编辑：杜　星
封面设计：漫酷文化
责任校对：宋玉莲
责任印制：何　芊

出版发行：清华大学出版社
网　　址：http://www.tup.com.cn，http://www.wqbook.com
地　　址：北京清华大学学研大厦 A 座　　**邮　　编**：100084
社 总 机：010-62770175　　**邮　　购**：010-62786544
投稿与读者服务：010-62776969，c-service@tup.tsinghua.edu.cn
质 量 反 馈：010-62772015，zhiliang@tup.tsinghua.edu.cn
课 件 下 载：http://www.tup.com.cn，010 62770175-4903
印 刷 者：北京富博印刷有限公司
装 订 者：北京市密云县京文制本装订厂
经　　销：全国新华书店
开　　本：185mm×230mm　**印　张**：18　**插　页**：1　**字　　数**：200 千字
版　　次：2013 年 5 月第 1 版　　**印　　次**：2017 年 1 月第 3 次印刷
印　　数：6001～7000
定　　价：35.00 元

产品编号：047380-01

21 世纪普通高校会计学系列精品教材

编委会

总　序

郑州航空工业管理学院是新中国成立以来较早开设会计学专业的院校，其师资力量雄厚，教学严谨，认真负责，已在会计教育方面积累了丰富的经验，在教材建设方面奠定了基础。改革开放以来，为适应社会主义市场经济建设的要求和会计改革在制度与理论、实务方面发生的变化，自 20 世纪 90 年代，郑州航空工业管理学院已组织骨干教师编撰出版了多部会计专业教材，使教材建设得到显著推进。从 2010 年起，郑州航空工业管理学院又着手"21 世纪普通高校会计学系列精品教材"编撰工作。经过精心策划与组织研究，以及在全院教学骨干努力撰稿与反复修订之后，目前已全部完稿，将与清华大学出版社合作出版这套系列精品教材。这套最新系列教材在总结以往教材使用经验的基础上，全面地、具有创新性地改革了教材结构与内容，在改革中推陈出新，形成了完善的会计专业教材体系。精品教材体系涵盖了会计本科教学的全部主干课程，它由 16 本教材组成，包括《基础会计学》、《财务会计学》、《成本会计学》、《管理会计学》、《高级财务会计学》、《会计学》、《审计学》、《会计信息系统》、《财务管理学》、《税务会计学》、《政府与非营利组织会计》、《银行会计学》、《财务报表分析》、《会计基础实验教程》、《会计综合实验教程》、《会计信息系统实验教程》。从整体上研究，这套精品教材的基本特色在于：

第一，教材体系框架设计完整，内容衔接、布局合理，体现了专业知识的全面性、系统性和层次性。精品系列教材不仅为开展会计本科专业教学提供了具有教学引导力度与科学研究深度的内容，而且还为非财会类专业学生学习提供了具有针对性、切实性的教科书。在会计专业本科教学方面，这套教材体现了三个层次的结合：一是初级、中级和高级专业课程教材的结合，如初级层次的《基础会计学》，中级层次的《成本会计学》和《管理会计学》等，和高级层次《高级财务会计学》的结合；二是体现了会计一般业务和特殊业务的结合，如讲授会计一般业务的《财务会计学》和讲授特殊业务的《政府与非营利组织会计》的结合等；三是体现了会计理论和实践教学的结合，如这套教材中包含的三本实验教程，做到了以实践实证理论，以理论指导、提高实践。

第二，教材编写定位清晰，注重于培养综合能力，契合了会计专业本科培养目标。随着市场经济改革的深入，政府与实务界对会计人才培养提出了更高的要求和期望，面向未来的会计专业学生培养不能仅仅依靠传统会计类课程的教学，而且还必须融入更多相关学科和跨学科领域知识的结合与储备，以实现学生专业能力的整合提升与兼容。这套教材以培育

财经复合型实用人才为目标，注重培养学生的综合能力，采用统一、规范的教材编写体例，通过大量案例、习题和启发性思考题，为学生综合专业素质的提升进行了有益的尝试，体现了学科之间的交叉、渗透与融合，破除了就会计讲会计与研究会计问题的传统做法。

第三，教材内容丰富新颖，写作深入浅出，突出了课程的实用性和可操作性。如在引导学生研究新问题方面，基于实体经济和虚拟经济协调发展对会计学教育提出的更高要求，以及随着市场经济的深入发展，虚拟经济在市场经济中显示出来的不可忽视的重要作用，在教材中通过对虚拟经济环境下会计新问题的研究，引导学生正确认识实体经济与虚拟经济之间的关系，以此提高学生的知识面和研究新问题的能力。近些年来国际会计准则的改革和发展明显地反映与体现了虚拟经济对实体经济的影响与冲击，在这一背景下，会计作为协调经济社会发展的重要支撑力量，必须直面这些变化和趋势，做出相应调整。这套教材较好地处理了新经济问题对经济社会发展带来的影响，积极引入实务中出现的最新经济业务实例，尤其是引入了具有典型虚拟经济特征的案例与业务，正确而通俗易懂地对其进行研讨性讲解，并在教学案例和课后习题的编写上体现了这一特点。

第四，教材之间的内容组织得当，避免了重复和方便了教学。这套教材在内容设计上有合理分工，如《财务会计学》不涉及税务处理的内容，而集中在《税务会计学》中系统进行阐述；再如《会计基础实验教程》设计的实验内容侧重培养学生基本的分析和解决专业问题的能力，而《会计综合实验教程》设计的实验内容则侧重培养学生综合的分析能力，使学生熟练掌握会计核算的全部工作流程。

第五，内容新颖，兼顾稳定性与前瞻性，显示了教材的先进性。精品教材在全面、系统地介绍各门课程基础知识的同时，注重吸收国内外的最新理念，体现会计学科的发展趋势。如《基础会计学》吸收了国际财务报告准则的最新改革成果，将《财务报告概念框架：报告主体》、《财务报告概念框架第一章：通用目的财务报告的目标》等内容反映其中，其他相关教材均以我国 2007 年执行的会计准则体系为指导撰写，并融入我国会计改革和发展的最新成果，使学生在系统掌握相关知识结构的基础上，能够及时了解学科发展的前沿动态。

会计教材建设是会计教育改革的重要基础性环节，没有优秀教材便不能培养出优秀的学生。我向读者推荐这套具有一定创新力度的精品教材，并衷心期望郑州航空工业管理学院今后能不断总结教材在实际教学应用中的经验，推出更多更好的专业教材，为会计教育事业的发展作出贡献！是为序。

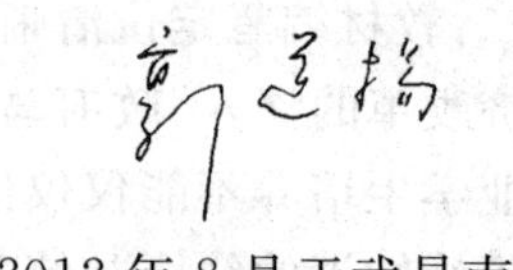

2012 年 8 月于武昌南湖

前　言

进入 21 世纪以来,随着经济全球化、信息化的迅猛发展,会计在经济管理中的作用日显重要,市场急需具备扎实的会计理论功底、熟练的操作技能和一定职业判断能力的应用型会计人才。为适应市场经济对会计人才的要求,会计教学必须将理论教学和实验教学密切结合,培养学生的综合分析能力和实际操作技能,以提高人才培养质量。由于扩招导致大批学生无法到企业开展专业实习,很多学校为学生提供在校内开展实践的机会,即开设会计实验课程。

会计实验教材是会计实验教学的基础。经过多年的教学积累和学生反复实训演练,并结合最新的财税法规,我们编写了《会计综合实验教程》教材。该教材是河南省精品课程和河南省精品资源共享课程——《财务会计学》的建设内容之一,其特色体现在以下几个方面。

第一,框架体系科学、合理。本教材以模拟某制造企业一个会计期间在供、产、销经营过程中发生的交易和事项为例,以会计核算为主线,将交易和事项的内容及相关资料进行衔接,设计了整个会计循环过程的部分主要业务。

第二,实验内容综合、完整。本教材设计的实验内容包括开设账户、填制和分析原始凭证、编制记账凭证、登记账簿、计算产品成本、核算损益、计算与申报应缴税款、分配利润和编制财务报表等,涵盖了财务会计学(中级)、成本会计学和税务会计学等课程的主要内容,综合性强。

第三,模拟的会计情境更加真实。本教材对企业发生的交易和事项仅提供原始凭证,不做业务阐述,与真实的企业会计情境相一致,仿真效果好,有利于培养学生分析和解决实际问题的能力,促进学生职业判断能力的形成和提高。

本教材适用于会计学、财务管理和审计学等专业会计综合模拟实验课程的教学,也可作为成人教育、自学会计学知识人士的实训参考用书。

本教材由王秀芬教授任主编,负责设计教材框架体系、编写部分业务和审订全部书稿;王会兰教授、王留根教授和潘广伟讲师负责设计具体业务内容。

为保证教材质量,在形成书稿后作者多次校对。但由于我们水平有限,书中难免有不足和疏漏之处,敬请读者批评指正,以便今后修订时补充、提高。

本书主编

2013 年 3 月

目 录

第一章　模拟实验企业基本情况简介

第一节　注册资本、企业类型与经营范围

企业名称:中原市嵩山电机厂
地　　址:中原市平安区农业路 52 号
联系电话:32345679
法定代表:孙建国
注册资本:壹仟捌佰万圆整
企业类型:有限责任公司(国有联营)
经营范围:生产、销售电机
纳税人登记号:410103238808321
企业代码:410209457
开户银行:
　　基本存款户:中国工商银行中原分行隆兴支行 账号:6222020200026808184
　　一般存款户:中国建设银行中原分行兴通支行 账号:6227002633200111411

第二节　会计核算规定

该企业实行集中核算,各车间只提供成本计算的原始资料,全部会计核算由厂部和财务部进行。材料(含周转材料)按计划价格核算,材料的各种明细账设在仓库,由材料保管员和材料核算员共同登记;全月购入材料,月末汇总登记总账并结转材料成本差异。产品成本计算采用平行结转分步法,各车间只计算应计最终全厂完工产品的份额,最后由厂部汇总计算

出全厂的完工产品总成本和单位成本；销售成本的结转采用加权平均法。该厂采用科目汇总表会计处理程序，根据业务量的大小，半月汇总一次，并登记总分类账户。

该企业财务部共有会计人员 6 人。其中：财务部长 1 人，负责财务部的全面工作和审核业务；出纳员 1 人，负责货币资金的收付及现金日记账和银行存款日记账的登记；材料核算员 1 人，负责材料采购、入库、领用等业务有关明细账的登记；成本核算员 2 人，负责各种成本、费用计算、日常核算及记账凭证的填制和有关明细账的登记；记账员 1 人，负责定期汇总编制科目汇总表、登记各种总账并编制有关会计报表。

该企业的库存现金限额为 55 000 元；坏账准备按年末应收款项余额的 5%计提；固定资产折旧采用年限平均法，房屋及建筑物、机器设备和运输设备的月折旧率分别为 1%、1.5%和 2%；无形资产按其使用寿命平均摊销，其中专利权的摊销期限为 12 年，土地使用权和非专利技术的摊销年限均为 10 年；固定资产的修理费用作为期间费用反映。

第三节 纳税规定

该企业为一般纳税人，全部材料、库存商品的采购、销售价格均为不含增值税价格，增值税税率为 17%。该企业以一个月为一个纳税期，城市维护建设税税率为 7%，教育费附加的计提比例为 3%。该企业按月预交企业所得税，年末进行汇算清缴，企业所得税税率为 25%。该企业主管税务机关同意企业年末按应收款项余额的 5%计提坏账准备；购销货物过程中取得的运输发票按 7%抵扣增值税税额。

第二章　实验目的和要求

第一节　实 验 目 的

本实验以制造业企业——中原市嵩山电机厂为例，设计了从建账到日常会计核算、计算产品成本和利润并进行利润分配到最后编制会计报表全部过程的会计资料。通过实际操作，不仅使学生掌握填制和审核原始凭证与记账凭证、登记账簿、成本计算、编制会计报表的全部会计工作技能和方法，而且能够初步尝试出纳员、材料核算员、成本核算员、记账员等会计工作岗位的具体工作，从而对制造业企业的会计核算过程有一个比较系统、全面的认识，最终达到会计理论和方法与会计实务融合的目的。

通过该综合模拟实验，学生可以比较系统地练习制造业企业会计核算的基本程序和方法，加强学生对所学专业理论知识的理解，培养学生的实际操作能力，从而提高学生运用会计基本技能进行会计实务处理的水平。

第二节　实 验 要 求

1. 全部实验要求使用统一的模拟会计凭证、账页及会计报表格式。

2. 操作前学生应认真学习《会计基础工作规范》，并严格按照有关规定填写会计凭证，应写清会计凭证的编号、日期、业务内容、金额及有关资料，登记账簿时字迹要清楚，并按规定的程序和方法记账、结账。发现错账时，应采用正确的更正方法，切勿刮、擦、挖、补和涂改。

3. 全部实验结束后，将各种记账凭证，连同所附的原始凭证或原始凭证汇总表按编号顺序排列，折叠整齐，加具封面，装订成册。各种账页和报表也应分别加具封面，装订成册。

4. 实验过程中需配备专、兼职实验教师，组织和指导全部实验过程，并根据学生完成实习的质量综合评定实验成绩。

5. 实验结束后要求每人提交一份实验报告，主要总结在模拟实验中的体会，并结合实验内容对实验课程提出改进建议。

6. 本综合实验大约需要 70 课时(2 周)。

第三章　模拟实验程序和具体要求

第一节　模拟实验程序

1. 由于该项实验是在学完“财务会计学”(中级财务会计)、“成本会计学”和“税务会计学”等主要专业课之后开展的，因此，全部实验由学生个人独立完成，以便学生能够完整了解制造业企业会计核算的全过程，培养学生综合分析和解决问题的能力。为了增强真实感，也可将学生分成每6人一组，实际操作财务部内的各项具体工作。

2. 熟悉实习企业概况、会计核算及纳税规定。

3. 根据该企业2012年12月1日各总分类账及明细分类账的余额，练习建账。根据各账户所反映的经济内容，选择不同格式的账簿，并登记期初余额(摘要栏写“承前页”)。没有期初余额的账户，在实际发生经济交易和事项时陆续开设。

4. 根据有关交易和事项的原始凭证，首先进行审核，在准确无误的情况下，练习填制记账凭证。该企业的记账凭证分为收款凭证、付款凭证和转账凭证三种，应分别编号。

5. 根据填制和审核无误的收、付款凭证，逐笔登记“库存现金日记账”、“银行存款日记账”。

6. 根据记账凭证及所附原始凭证或原始凭证汇总表，顺序登记有关明细分类账。为减少实习的重复工作量，请按“建账与核算资料”一章第二节中的要求设置明细分类账，其余明细账从略。

7. 根据本月全部采购材料业务的各种收料单，编制“收料凭证汇总表”，并计算材料成本差异额和差异率；根据本月全部领料业务的各种领料单，编制“发料凭证总表”，并计算本月领用材料应承担的差异额。

8. 月末采用平行结转分步法计算本月完工产品的生产成本。

9. 外购的动力费用通过辅助生产车间归集分配(辅助生产车间的成本采用直接分配法)，制造费用按定额工时比例进行分配。

10. 根据各种记账凭证定期于每月 15 日、月末汇总编制科目汇总表，并利用科目汇总表进行试算平衡。

11. 根据科目汇总表登记有关总分类账。

12. 采用“账结法”计算每月利润总额，年末一次计算全年所得税费用，年终对全年净利润进行分配，并结清除“未分配利润”以外的所有“利润分配”明细账。

13. 根据有关资料编制本月的“财务状况表”(资产负债表)、“综合收益表”(利润表)、“现金流量表”及全年“所有者权益变动表”。

第二节　模拟实验具体要求

1. 各种分配率的计算，均保留至小数点后两位，第三位四舍五入。在成本计算过程中，分配成本的尾差一律计入 ZD 电机的成本。

2. 材料成本差异率按材料的主要类别计算，分别按原料及主要材料、燃料、外购半成品、辅助材料、备品配件、低值易耗品和包装物计算差异率。

3.“生产成本”明细账按车间分产品开设，月末再将“生产成本”明细账归集的成本在完工产品和在产品之间进行分配，编制车间成本计算单和完工产品成本汇总单。

4. 部分交易或事项的原始凭证，需要根据有关资料自行填制，以了解和掌握原始凭证的填制方法。

第四章　生产工艺流程

该企业有三个基本生产车间，即铸造车间、机加车间和装配车间，顺序加工生产产品，各车间均不设半成品库。企业还设有两个辅助生产车间，即机修车间和供电车间，机修车间负责对全厂机器设备进行维修，供电车间接受外来电源，负责记录全厂各部门的用电及电器的维修。

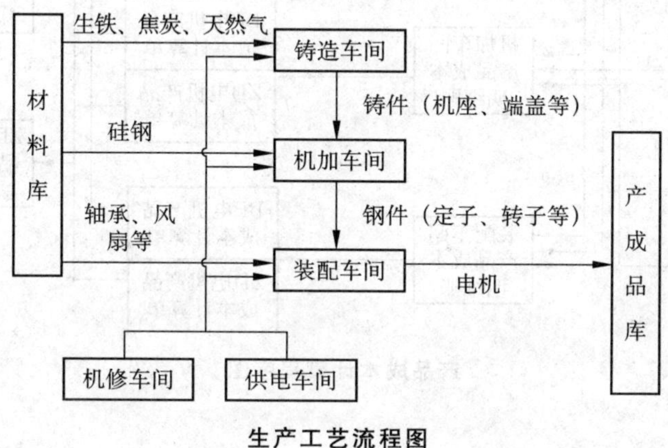

生产工艺流程图

第五章　产品成本计算程序

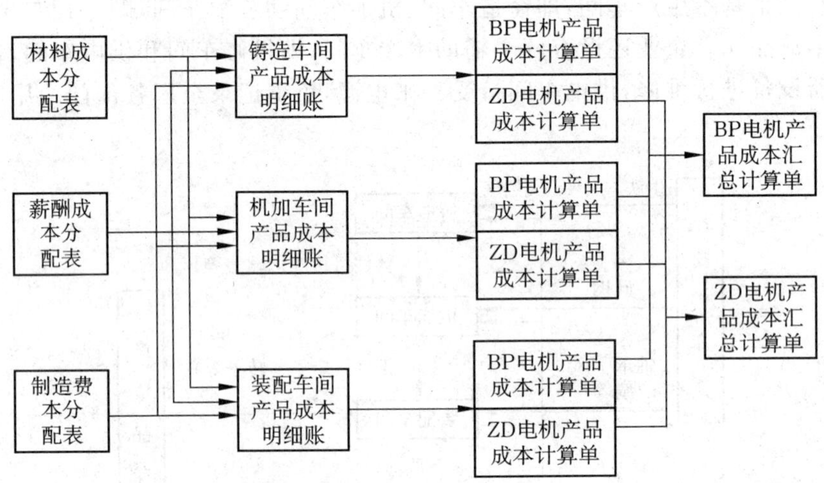

产品成本计算程序图

第六章　建账与核算资料

第一节　一般企业会计科目表

顺序	编号	会计科目名称	顺序	编号	会计科目名称
		一、资产类	31	1406	发出商品
1	1001	库存现金	32	1407	商品进销差价
2	1002	银行存款	33	1408	委托加工物资
5	1015	其他货币资金	34	1411	周转材料
8	1101	交易性金融资产	40	1471	存货跌价准备
10	1121	应收票据	41	1501	持有至到期投资
11	1122	应收账款	42	1502	持有至到期投资减值准备
12	1123	预付账款	43	1503	可供出售金融资产
13	1131	应收股利	44	1511	长期股权投资
14	1132	应收利息	45	1512	长期股权投资减值准备
18	1221	其他应收款	46	1521	投资性房地产
19	1231	坏账准备	47	1531	长期应收款
25	1321	代理业务资产	48	1532	未实现融资收益
26	1401	材料采购	50	1601	固定资产
27	1402	在途物资	51	1602	累计折旧
28	1403	原材料	52	1603	固定资产减值准备
29	1404	材料成本差异	53	1604	在建工程
30	1405	库存商品	54	1605	工程物资

续表

顺序	编号	会计科目名称	顺序	编号	会计科目名称
55	1606	固定资产清理			三、所有者权益类
62	1701	无形资产	110	4001	实收资本
63	1702	累计摊销	111	4002	资本公积
64	1703	无形资产减值准备	112	4101	盈余公积
65	1711	商誉	114	4103	本年利润
66	1801	长期待摊费用	115	4104	利润分配
67	1811	递延所得税资产	116	4201	库存股
69	1901	待处理财产损溢			四、成本类
		二、负债类	117	5001	生产成本
70	2001	短期借款	118	5101	制造费用
77	2101	交易性金融负债	119	5201	劳务成本
79	2201	应付票据	120	5301	研发支出
80	2202	应付账款			五、损益类
81	2203	预收账款	124	6001	主营业务收入
82	2211	应付职工薪酬	129	6051	其他业务收入
83	2221	应交税费	131	6101	公允价值变动损益
84	2231	应付利息	132	6111	投资收益
85	2232	应付股利	136	6301	营业外收入
86	2241	其他应付款	137	6401	主营业务成本
92	2314	代理业务负债	138	6402	其他业务成本
93	2401	递延收益	139	6405	营业税金及附加
94	2501	长期借款	149	6601	销售费用
95	2502	应付债券	150	6602	管理费用
100	2701	长期应付款	151	6603	财务费用
101	2702	未确认融资费用	153	6701	资产减值损失
102	2711	专项应付款	154	6711	营业外支出
103	2801	预计负债	155	6801	所得税费用
104	2901	递延所得税负债	156	6901	以前年度损益调整

第二节　账页格式及 2012 年 12 月期初余额

账户编号	总分类账户	明细分类账户	借方余额	贷方余额	账页格式
1001	库存现金		50 200		三栏式
1002	银行存款		3 491 923		三栏式
		中国工商银行	1 835 649		三栏式
		中国建设银行	1 656 274		三栏式
1015	其他货币资金		310 000		三栏式
		外埠存款	60 000		略
		存出投资款	250 000		略
1121	应收票据		1 411 400		三栏式
		南京重型机械公司	980 000		略
		大连机械有限公司	73 000		略
		北方机电公司	158 400		略
		新乡重型机械厂	200 000		略
1122	应收账款		1 174 600		三栏式
		中原机电公司	327 600		三栏式
		中原市机床经销公司	62 000		三栏式
		北华重型机械有限公司	785 000		略
1123	预付账款		300 000		三栏式
		京南钢铁集团	300 000		略
1221	其他应收款		4 000		三栏式
		毛杰	4 000		略
1231	坏账准备			8 000	三栏式
		应收账款		8 000	略
1403	原材料		1 865 530		三栏式
		原料及主要材料	1 480 000		数量金额式
		燃料	146 680		略
		外购半成品	227 000		略

续表

账户编号	总分类账户	明细分类账户	借方余额	贷方余额	账页格式
		辅助材料	3 850		略
		备品配件	8 000		略
1404	材料成本差异		53 400	120	三栏式
		原料及主要材料	36 000		三栏式
		燃料	3 000		三栏式
		外购半成品	6 000		三栏式
		辅助材料		120	三栏式
		备品配件	400		三栏式
		低值易耗品	500		三栏式
		包装物	7 500		三栏式
1405	库存商品		2 832 000		三栏式
		BP 电机	1 920 000		略
		ZD 电机	912 000		略
1411	周转材料		258 000		三栏式
		低值易耗品(劳保用品)	18 000		略
		包装物(包装箱)	240 000		略
1471	存货跌价准备			25 000	三栏式
		外购半成品		15 000	略
		包装物		10 000	略
5001	生产成本		649 520		三栏式
		铸造车间	207 920		多栏式
		机加车间	191 600		多栏式
		装配车间	250 000		多栏式
1501	持有至到期投资		360 000		三栏式
		债券投资	360 000		略
1511	长期股权投资		6 206 000		三栏式
		中原市机床附件厂	6 206 000		略
1601	固定资产		18 350 000		三栏式
		房屋及建筑物	11 230 000		略

续表

账户编号	总分类账户	明细分类账户	借方余额	贷方余额	账页格式
		机器设备	6 335 000		略
		运输设备	785 000		略
1602	累计折旧			5 950 000	三栏式
1603	固定资产减值准备			50 000	三栏式
		机器设备		40 000	略
		运输设备		10 000	略
1604	在建工程		1 150 000		三栏式
		出包工程	1 150 000		略
1701	无形资产		2 900 000		三栏式
		专利权	1 000 000		略
		非专利技术	800 000		略
		土地使用权	1 100 000		略
1702	累计摊销			360 000	三栏式
1811	递延所得税资产		18 750		三栏式
2001	短期借款			2 520 000	三栏式
2201	应付票据			80 000	三栏式
		新亚钢厂		80 000	略
2202	应付账款			171 000	三栏式
		立新轴承厂		98 000	三栏式
		安阳钢铁厂		73 000	略
2203	预收账款			360 000	三栏式
		宏达机电公司		360 000	略
2211	应付职工薪酬			1 530 351	三栏式
		工资		1 005 448	略
		社会保险费		295 720	略
		住房公积金		177 432	略
		工会经费		29 572	略
		职工教育经费		22 179	略
2221	应交税费			1 194 400	三栏式

续表

账户编号	总分类账户	明细分类账户	借方余额	贷方余额	账页格式
		未交增值税		394 000	略
		应交营业税		10 000	略
		应交城市维护建设税		28 280	略
		应交教育费附加		12 120	略
		应交企业所得税		750 000	略
2231	应付利息			4 000	三栏式
2241	其他应付款			504 152	三栏式
		市电机经销公司(保证金)		6 000	略
		中原机电公司(保证金)		25 000	略
		社会保险费		295 720	略
		住房公积金		177 432	略
2501	长期借款			1 416 000	三栏式
		本金		1 200 000	略
		应计利息		216 00	略
2502	应付债券			912 000	三栏式
		面值		800 000	略
		利息调整		30 000	略
		应计利息		82 000	略
2701	长期应付款			666 000	三栏式
		应付租入固定资产租赁费		666 000	略
4001	实收资本			18 000 000	三栏式
		国家投资		15 000 000	略
		其他单位投资		3 000 000	略
4002	资本公积			793 600	三栏式
4101	盈余公积			2 380 000	三栏式
4103	本年利润			2 986 400	三栏式
4104	利润分配	未分配利润		1 474 300	三栏式
合　计			41 385 273	41 385 273	

第三节　有关明细账户余额

一、“生产成本”明细账户 12 月期初余额

“生产成本”明细分类账户期初余额

单位：元

车间	成本项目 产品名称	直接材料	直接人工	制造费用	合　计
铸造车间	BP 电机	109 200	36 480	10 320	156 000
	ZD 电机	25 800	21 660	4 460	51 920
	合　计	135 000	58 140	14 780	207 920
机加车间	BP 电机	87 360	25 080	12 360	124 800
	ZD 电机	40 080	19 380	7 340	66 800
	合　计	127 440	44 460	19 700	191 600
装配车间	BP 电机	118 510	23 940	26 850	169 300
	ZD 电机	48 420	17 418	14 862	80 700
	合　计	166 930	41 358	41 712	250 000

二、“原材料”明细账户 12 月期初余额

“原材料”明细账户期初余额

明细账户及名称	计量单位	结存数量	计划单价(元)	结存金额(元)
原料及主要材料				1 480 000
生铁	吨	200	3 500	700 000
硅钢	吨	100	7 800	780 000
燃料				146 680
焦炭	吨	100	1 450	145 000
天然气	立方米	700	2.4	1 680

续表

明细账户及名称	计量单位	结存数量	计划单价(元)	结存金额(元)
外购半成品				227 000
轴承	套	300	720	216 000
风扇	台	100	110	11 000
辅助材料				3 850
油漆	千克	400	4	1 600
润滑油	千克	300	7.5	2 250
备品配件	件	20	400	8 000

三、"周转材料"明细账户 12 月期初余额

"周转材料"明细账户期初余额

明细账户及名称	计量单位	结存数量	计划单价(元)	结存金额(元)
包装物				
包装箱	个	300	800	240 000
低值易耗品				
劳保用品	套	200	90	18 000

四、"库存商品"明细账户 12 月期初余额

"库存商品"明细账户期初余额　　单位:元

产品名称	结存数量	单位实际成本	期初余额
BP 电机	40	48 000	1 920 000
ZD 电机	30	30 400	912 000

第四节　2012 年 12 月份产品产量记录和产品定额工时资料

一、产量记录

BP　电　机

项　　目	铸造车间	机加车间	装配车间
月初在产品	10	15	12
本月投产	30	30	40
本月完工	30	40	50
月末在产品	10	5	2
投料 100%	10	5	2
施工 50%	5	2.5	1

ZD　电　机

项　　目	铸造车间	机加车间	装配车间
月初在产品	10	15	10
本月投产	25	30	35
本月完工	30	35	40
月末在产品	5	10	5
投料 100%	5	10	5
施工 60%	3	6	3

二、定额工时

产品定额工时统计表

车间 产品	铸造车间	机加车间	装配车间
BP 电机	3 500	5 800	4 500
ZD 电机	1 500	1 200	3 000
合　计	5 000	7 000	7 500

第五节　企业 2012 年 12 月份发生交易和事项的原始凭证

业务 1

ICBC 中国工商银行　　进账单（贷方凭证）　1

2012 年 12 月 03 日

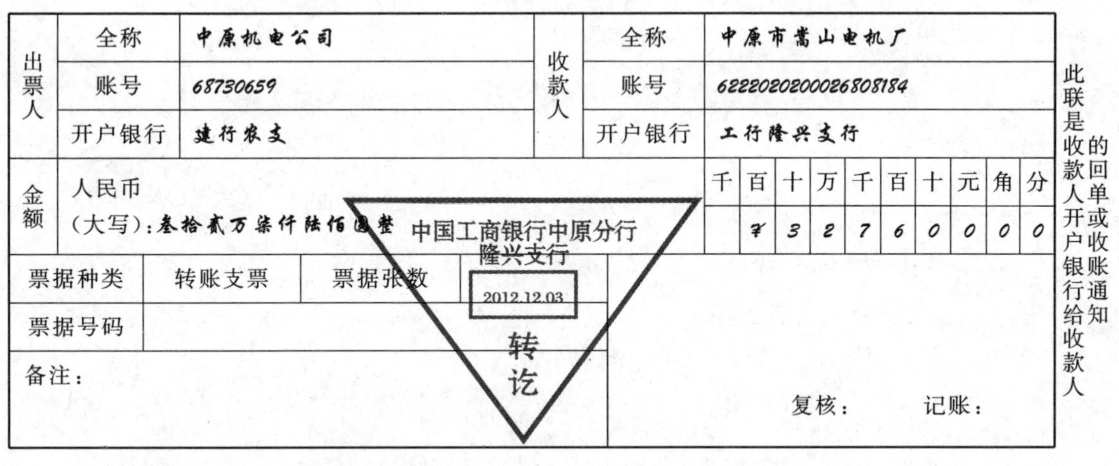

出票人	全称	中原机电公司	收款人	全称	中原市嵩山电机厂
	账号	68730659		账号	6222020200026808184
	开户银行	建行农支		开户银行	工行隆兴支行

金额	人民币（大写）：叁拾贰万柒仟陆佰圆整	千	百	十	万	千	百	十	元	角	分
			¥	3	2	7	6	0	0	0	0

票据种类	转账支票	票据张数	
票据号码			
备注：			复核：　　记账：

此联是收款人开户银行给收款人的回单或收账通知

业务 2-1

差旅费报销单

报销单位：人事科　　　　附件 12 张　　　　2012 年 12 月 03 日

出发				到达				交通费	住宿费	伙食补助	其他	合计
月	日	时	地点	月	日	时	地点					
11	25		中原	11	25		上海	900	1 200	400		2 500
12	01		上海	12	01		中原	800				800
												3 300

原借款	金额	结余或超支金额	报销金额	人民币（大写）叁仟叁佰圆整
	4 000.00	700.00		

负责人：李林　　　会计：刘霞　　　出纳：赵红　　　经手人：毛杰

业务 2-2

收　据

2012 年 12 月 03 日　　　　NO. 154

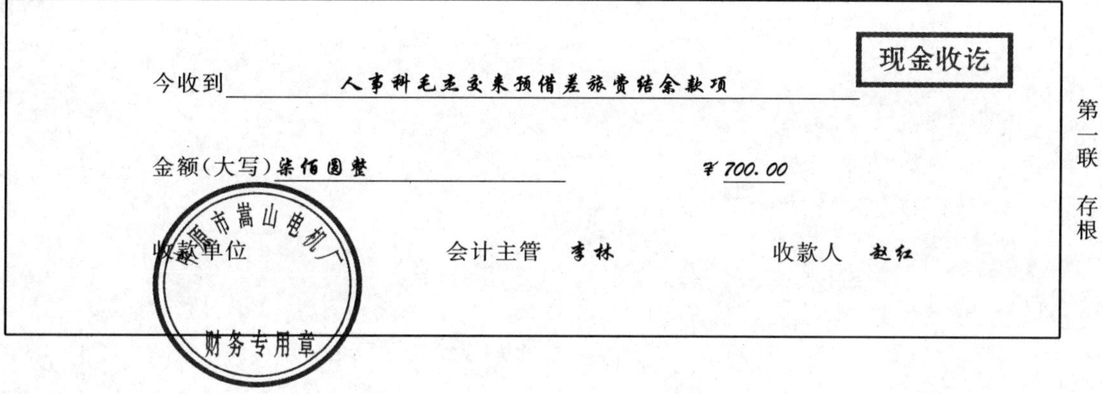

现金收讫

今收到　人事科毛杰交来预借差旅费结余款项

金额（大写）柒佰圆整　　　　¥ 700.00

收款单位　　　　会计主管　李林　　　　收款人　赵红

中原市嵩山电机厂　财务专用章

第一联　存根

业务 3

ICBC  委托收款凭证（回单或收账通知）1　　　　第　号

特约

委托日期 2012 年 12 月 03 日

付款人	全称	南京重型机械公司	收款人	全称	中原市嵩山电机厂									
	账号	2086100500328		账号	6222020200026808184									
	开户银行	工行昆办		开户银行	工行隆兴支行									
委收金额	人民币（大写）玖拾捌万圆整				千	百	十	万	千	百	十	元	角	分
						¥	9	8	0	0	0	0	0	0
计费周期			协议（合同）号码											
款项内容	商业承兑汇票到期		收款人开户银行盖章 年　月　日											

中国工商银行中原分行隆兴支行 2012.12.03 转讫

此联是收款人开户银行给收款人的回单或收账通知

单位主管：李林　　　会计：刘霞　　　复核：　　　记账：

10×17.5 公分（白纸褐油墨）

业务 4-1

固定资产调拨单

投出单位：广州五羊公司

投入单位：中原市嵩山电机厂　　2012 年 12 月 04 日　　调拨单号：00159

转移原因	联营投资				税金：　评估价值：480 000.00			
名称	型号	单位	数量	预计使用寿命	已使用年限	原值	已提折旧	净值
铣床	BW130	台	1	20	2	500 000	30 000	470 000
调出单位		（广州五羊公司 财务专用章）		调入单位			（中原市嵩山电机厂 财务专用章）	
财务负责人：王　明 设备科科长：杨大伟				财务负责人：李　林 设备科科长：赵小亮				

业务 4-2

泰达评估事务所文件

中原[2012]字第 613 号

★

资产评估报告

中原市嵩山电机厂：

我所受贵单位的委托，依据《中华人民共和国国有资产评估办法》、《中华人民共和国注册会计师法》和《企业会计准则》等规定，对贵厂接受五羊公司投入的 BW130 铣床一台进行评估。其原始价值 500 000 元，已提折旧 30 000 元，固定资产按净值评估确定价值为 480 000 元。

评估员：李　莉　　　　　　泰达评估事务所

中国注册资产评估师：王立群　　2012 年 11 月 23 日

业务 5-1

河南增值税专用发票

No00478525

校验码 75566 24621 43245 12369　　　　开票日期：2012 年 12 月 04 日

国税函[2011]523 号湖光印刷有限公司

购货单位	名　　称：中原市嵩山电机厂 纳税人识别号：410103238808321 地 址 、电 话：平安区农业路 52 号、32345679 开户行及账号：建设银行 6227002633200111411			密码区	872149＞＊/－/＜/＞3546＊73－＋ 11/12356107＋34＊＋//－269＊94 ＞4＋45321523569＞－＞＞2/8＞＞ 4/＞＞＞0＞4＋4532		
货物或应税劳务名称	规格型号	单位	数量	单价	金额	税率	税额
生铁		吨	100	3 480	348 000	17%	59 160
合　计		吨	100	3 480	￥348 000	17%	￥59 160
价税合计（大写）	肆拾万柒仟壹佰陆拾圆整				（小写）￥407 160.00		
销货单位	名　　称：三门峡钢铁厂 纳税人识别号：840006210016794 地 址 、电 话：解放路 2 号 开户行及账号：工行元丰办事 6222845137202356323			备注			

收款人：张凯　　复核：李威　　开票人：杨明　　销货单位：（章）

（印章：发票联 河南 国家税务局监制；三门峡钢铁厂 发票专用章 税号840006210016794）

第三联：发票联　购货方记账凭证

业务 5-2

商业承兑汇票

出票日期 贰零壹贰年拾贰月零肆日　　　　汇票号码 00354729

付款人	全称	中原市嵩山电机厂	收款人	全称	三门峡钢铁厂
	账号	6227002633200111411		账号	6222845137202356323
	汇出地点	河南省中原市		汇入地点	河南省三门峡市
金额	人民币（大写）肆拾万柒仟壹佰陆拾圆整			千 百 十 万 千 百 十 元 角 分	￥ 4 0 7 1 6 0 0 0
汇票到期日（大写）	贰零壹叁年零叁月零肆日		付款人开户行	行号	456231
交易合同号码	NO. 1234562			地址	建设银行兴通支行
备注：					

（印章：中原市嵩山电机厂 财务专用章）

业务 6

中国工商银行隆兴支行贷款利息凭证

2012 年 12 月 04 日

收款人			付款人		
	账号	261		账号	6222020200026808184
	户名	营业收入		户名	中原市嵩山电机厂
	开户银行	工行隆兴支行		开户银行	工行隆兴支行
积数:200 000 元		利率:8%	利息:4 000.00 元		
客户第三季度利息 中国工商银行中原分行 隆兴支行 2012.12.04 转讫			科　　目 对方科目 复核员：　　记账员：		

付款凭证

业务 7-1

河南增值税专用发票

发票联　　№00361291

校验码 83666 13521 40125 73869　　开票日期:2012 年 12 月 04 日

购货单位	名　　称:西青机电公司 纳税人识别号:410102760228593 地 址 、电 话:华山路 132 号 开户行及账号:工行上支 68730659			密码区	360349>*/−/</>34268*79−+12/95894367+34*+//−578+6*36>4+9936170*9524>−>>2/1>>4/>>>6		
货物或应税劳务名称	规格型号	单位	数量	单价	金额	税率	税额
ZD 电机		台	10	45 000	450 000	17%	76 500
BP 电机		台	5	60 000	300 000	17%	51 000
合　计					¥750 000		¥127 500
价税合计(大写)	捌拾柒万柒仟伍佰圆整				(小写)¥877 500.00		
销货单位	名　　称:中原市嵩山电机厂 纳税人识别号:410103238808321 地 址 、电 话:平安区农业路 52 号、32345679 开户行及账号:工行隆兴支行 6222020200026808184			备注			

收款人:赵红　　复核:李林　　开票人:李夏　　销货单位:(章)

中原市嵩山电机厂 发票专用章 税号410103238808321

第一联：记账联　销货方记账凭证

国税函[2011]523 号朔光印刷有限公司

业务 7-2

ICBC 中国工商银行　　进账单（贷方凭证）　1

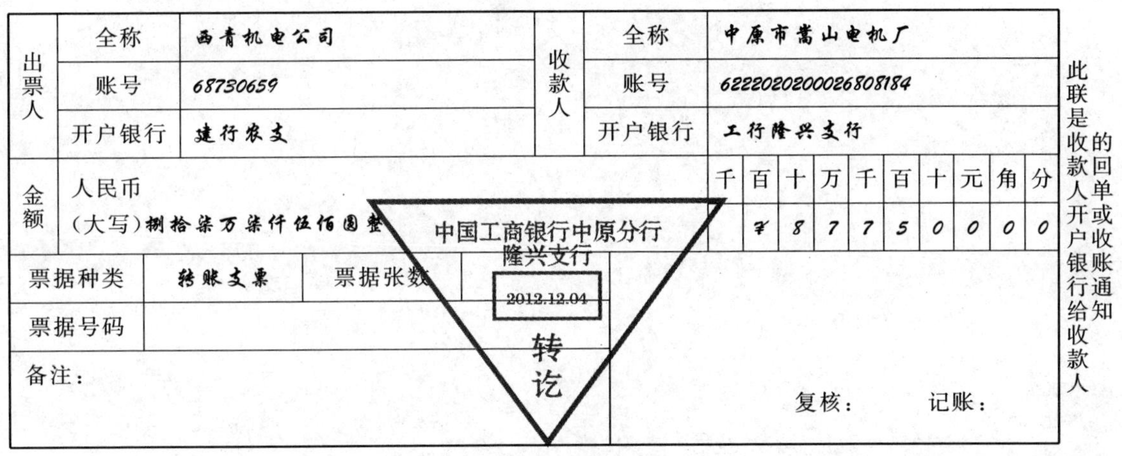

2012 年 12 月 04 日

出票人	全称	西青机电公司	收款人	全称	中原市嵩山电机厂
	账号	68730659		账号	6222020200026808184
	开户银行	建行农支		开户银行	工行隆兴支行

金额	人民币（大写）捌拾柒万柒仟伍佰圆整	千	百	十	万	千	百	十	元	角	分
			¥	8	7	7	5	0	0	0	0

票据种类	转账支票	票据张数	
票据号码			
备注：			复核：　记账：

中国工商银行中原分行 隆兴支行 2012.12.04 转讫

此联是收款人开户银行给收款人的回单或收账通知

业务 8-1

正面

ICBC 中国工商银行　　商业承兑汇票（收账通知）

出票日期（大写）贰零壹贰年零玖月零伍日　　汇票号码 5786932

付款人	全称	大连机械有限公司	收款人	全称	中原市嵩山电机厂
	账号	20168038500346		账号	6222020200026808184
	汇出地点	辽宁省大连市		汇入地点	河南省中原市

金额	人民币（大写）零拾柒万叁仟零佰零拾零圆零角零分	千	百	十	万	千	百	十	元	角	分
				¥	7	3	0	0	0	0	0

汇票到期日（大写）	贰零壹叁年零壹月零伍日	付款人开户行	行号	
交易合同号码			地址	
备注：				

大连机械有限公司 财务专用章

此联由收款人留存

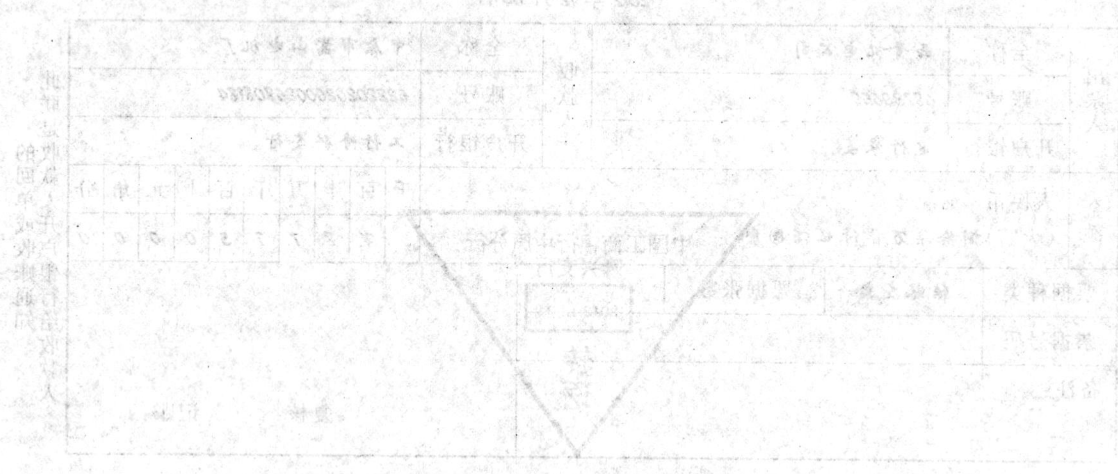

业务 8-2

背面

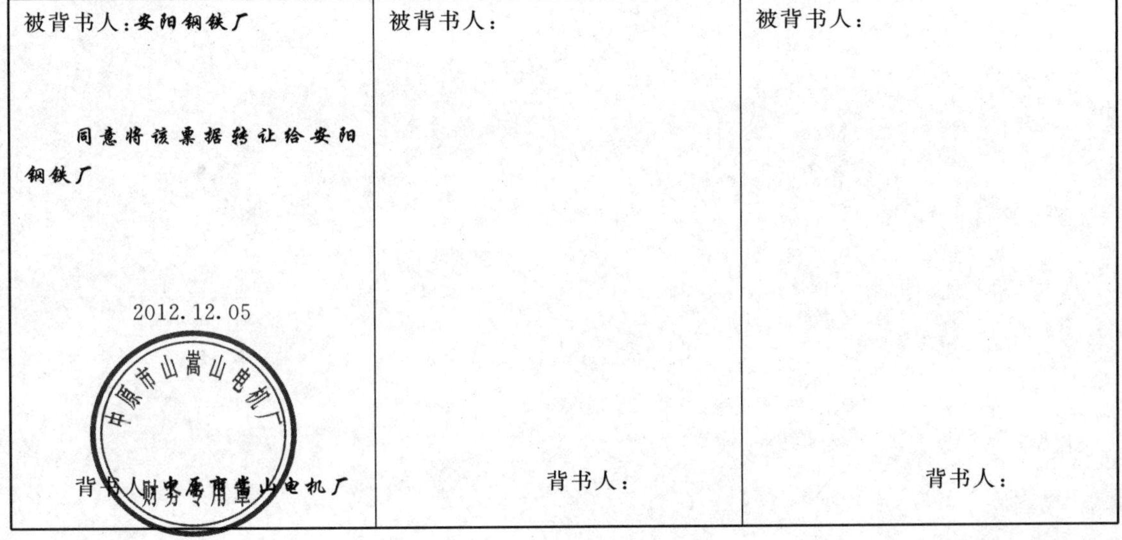

被背书人：安阳钢铁厂 同意将该票据转让给安阳钢铁厂 2012.12.05 背书人：中原市嵩山电机厂	被背书人： 背书人：	被背书人： 背书人：

业务 9

河南省地方税务局通用机打发票

密码 451236　　　　发票联　　　　发票代码 241001110156

开票日期：2012-12-05　　　　行业分类：商业零售业　　　　发票号码 01325120

付款方名称：中原市嵩山电机厂

收款方名称：中原市海蓝百货商店

商品名称	数量	单价	金额	备注
信纸	200	2.50	500.00	
档案袋	150	1.00	150.00	
圆珠笔	300	1.00	300.00	

合计人民币（大写）玖佰伍拾圆整　　　　￥950.00　　　　现金

开票人：闫暖

主管税务机关：中原市地方税务局新政路税务所

第一联：发票联（手写无效）

发票代码：241001110156　　　　发票号码：01325120

业务 10

上海证券中央登记清算公司

941202	成交过户交割凭单		买
股东编号：	A126358	成交证券：	兰陵股份
电脑编号：	86232	成交数量：	15 000
公司编号：	631	成交价格：	11
申请编号：	351	成交金额：	165 000
申报时间：	9:20	标准佣金：	330
成交时间：	10:50	过户费用：	15
上交余额：		印花税：	
本次成交：	15 000(股)	应收金额：	
本次余额：	15 000(股)	附加费用：	
本次库存：		实付金额：	165 345

③通知联

（印章：中原市证券公司 财务专用章）

经办单位：________ 客户签章：中原市嵩山电机厂 日期：2012 年 12 月 05 日

注：购买持有股票的目的主要是用于近期交易

业务 11-1

短期借款申请书

2012 年 12 月 05 日

企业名称	中原市嵩山电机厂	法人代表	孙建国	企业性质	国有
地　　址	平安区农业路 52 号	财务负责人	李林	联系电话	32345679
经营范围	生产各种电机	主管部门	机械公司		
借款期限	自 2012 年 12 月 05 日至 2013 年 07 月 05 日			申请金额	300 000 元
主要用途及效益说明：本厂近半年来，生产情况很好，产品销售情况有所好转，但由于回收货款较困难，特申请短期贷款。					
申请单位财务章：（印章：中原市嵩山电机厂 财务专用章） 财务部门 负责人：李林　经办人：刘霞			信贷员意见：（印章：中国建设银行分行 业务专用章） 行主管 领　导：李渊　信贷部门 负责人：张皓		

业务 11-2

贷款凭证(3)(收账通知)

2012 年 12 月 05 日

总字第 8010 号
字第 120 号

<table>
<tr><td>贷款单位名称</td><td>中原市嵩山电机厂</td><td>种类</td><td colspan="3">流动资金贷款</td><td colspan="2">贷款户账号</td><td colspan="6">44326931</td></tr>
<tr><td rowspan="2">金额</td><td rowspan="2" colspan="3">人民币(大写)叁拾万圆整</td><td>千</td><td>百</td><td>十</td><td>万</td><td>千</td><td>百</td><td>十</td><td>元</td><td>角</td><td>分</td></tr>
<tr><td></td><td>¥</td><td>3</td><td>0</td><td>0</td><td>0</td><td>0</td><td>0</td><td>0</td><td>0</td></tr>
<tr><td rowspan="2">用途</td><td rowspan="2">生产周转</td><td>单位申请期限</td><td colspan="7">自 2012 年 12 月 05 日至 2013 年 07 月 05 日</td><td rowspan="2" colspan="2">利率</td><td rowspan="2" colspan="2">6%</td></tr>
<tr><td>银行核定期限</td><td colspan="7">自 2012 年 12 月 05 日至 2013 年 07 月 04 日</td></tr>
<tr><td colspan="4">上列贷款已核准发放流动资金贷款并已转收称单位 兴通支行 账户
中国建设银行中原分行 兴通支行 2012.12.05 转讫
银行签章 2012 年 12 月 05 日</td><td colspan="10">单位会计分录
借方
贷方
复核: 记账:
主管: 会计:</td></tr>
</table>

业务 12-1

中国建设银行进账单(回单)

<table>
<tr><td rowspan="3">出票人</td><td>全称</td><td colspan="2">海通证券公司</td><td rowspan="3">收款人</td><td>全称</td><td colspan="10">中原市嵩山电机厂</td></tr>
<tr><td>账号</td><td colspan="2">227002648216673</td><td>账号</td><td colspan="10">6227002633200111411</td></tr>
<tr><td>开户银行</td><td colspan="2">建设银行东风办事处</td><td>开户银行</td><td colspan="10">建设银行兴通支行</td></tr>
<tr><td colspan="6" rowspan="2">人民币(大写) 壹佰贰拾万圆整</td><td>千</td><td>百</td><td>十</td><td>万</td><td>千</td><td>百</td><td>十</td><td>元</td><td>角</td><td>分</td></tr>
<tr><td>¥</td><td>1</td><td>2</td><td>0</td><td>0</td><td>0</td><td>0</td><td>0</td><td>0</td><td>0</td></tr>
<tr><td colspan="2">票据种类</td><td>转账支票</td><td>票据张数</td><td colspan="12">1</td></tr>
<tr><td colspan="2">票据号码</td><td colspan="14"></td></tr>
<tr><td colspan="16">备注:
中国建设银行中原分行 兴通支行 2012.12.06 转讫
复核:王辉 记账:谢凯</td></tr>
</table>

此联是收款人开户银行给收款人的回单或收账通知

业务 12-2

债券发行申请书

企业名称　中原市嵩山电机厂
地　　址　平安区农业路 52 号
电　　话　32345679
债券种类　流动资金

<table>
<tr><td>企业申请发行债券理由</td><td colspan="3">补充流动资金

申请单位（盖章）
财务负责人：李林　　法定代表：孙建国　　2012 年 10 月 30 日</td></tr>
<tr><td>企业主管部门意见</td><td>（盖章）
年　月　日</td><td>省市发改委审查意见</td><td>（盖章）
年　月　日</td></tr>
<tr><td>开户银行审核意见</td><td colspan="3">开户银行章
经办人：吴明　（章）　　负责人：张新亮　（章）　　2012 年 11 月 02 日</td></tr>
<tr><td>人民银行审批意见</td><td colspan="3">经审核同意你单位（公开）发行企业债券 120 万元面值 100 万元，用于企业（流动）资金需要，期限两年，利率 8%，发行时间为 2012 年 11 月 05 日起至 2012 年 12 月 05 日止，发行债券所得资金必须存入开户行，本债券于 2014 年 12 月 05 日到期还本，按（利随本清）方式付息，本债券发行中不得强行摊派，集资款不得挪做他用。

经办人：刘伟东　　行长：王克明　　2012 年 11 月 05 日</td></tr>
</table>

业务17

债券发行申请书

业务 13-1

河南增值税专用发票

No00346127

发　票　联

校验码 73326 24533 41565 14222　　　　开票日期：2012 年 12 月 06 日

购货单位	名　　称：中原市嵩山电机厂 纳税人识别号：410103238808321 地 址 、电 话：平安区农业路 52 号、32345679 开户行及账号：建设银行 6227002633200111411				密码区	456249＞＊/－/＜/＞1266＊58－＋ 11/13422207＋34＊＋//－568＊94 ＞4＋65879423219＞－＞＞2/7＞＞ 3/＞＞＞52	
货物或应税劳务名称	规格型号	单位	数量	单价	金额	税率	税　额
硅钢		吨	25	8 000	200 000	17%	34 000
合　计		吨	25	8 000	￥200 000	17%	￥34 000
价税合计（大写）	贰拾叁万肆仟圆整				（小写）￥234 000.00		
销货单位	名　　称：京南钢铁集团 纳税人识别号：376928120016751 地 址 、电 话：人民路 15 号 开户行及账号：工行仁和办事处 6225374237666656121				备注		

收款人：吴欣　　复核：杨飞　　开票人：李铭　　销货单位：（章）

京南钢铁集团 发票专用章 税号 376928120016751

国税函[2011]523 号潮光印刷有限公司

第二联：发票联　购货方记账凭证

业务 13-2

电汇凭证

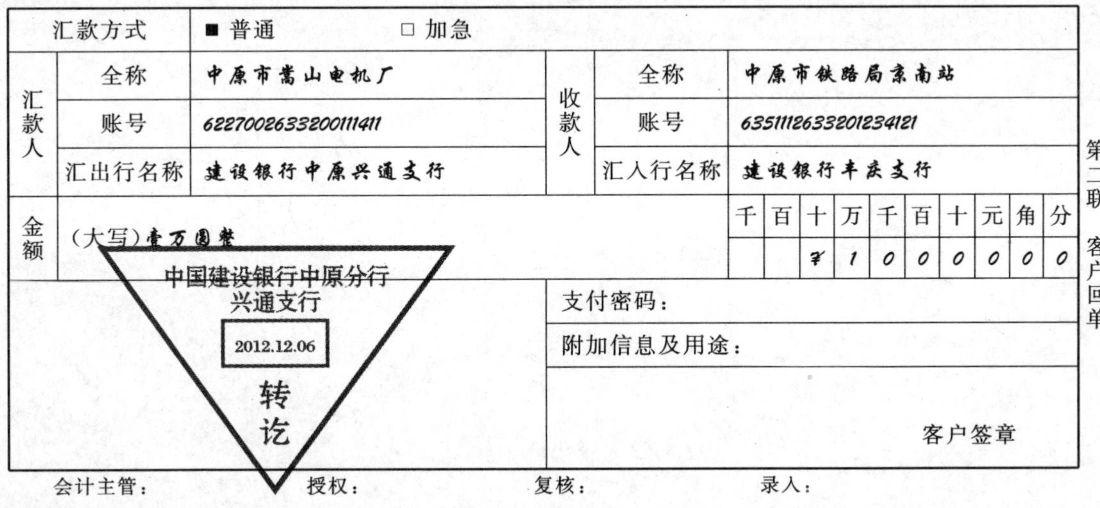

No

币别：人民币　　　　2012 年 12 月 06 日　　　　流水号：0231

汇款方式	■ 普通　　□ 加急			
汇款人 全称	中原市嵩山电机厂	收款人	全称	中原市铁路局京南站
账号	6227002633200111411		账号	6351112633201234121
汇出行名称	建设银行中原兴通支行		汇入行名称	建设银行丰庆支行
金额	（大写）壹万圆整		千百十万千百十元角分	￥1 0 0 0 0 0 0

中国建设银行中原分行 兴通支行 2012.12.06 转讫

支付密码：

附加信息及用途：

客户签章

会计主管：　　授权：　　复核：　　录入：

第二联　客户回单

业务 13-3

货　票

中原铁路分局京南站

A№03521

计划号码或运输号码：25372　　　　丙联：承运及收款凭证：发站---托运人

发站	京南	到站	中原		车种车号		货车 12 号	货车标重		承运人/托运人装车
经由		货物运到期限				施封号码				
运价里程		集装箱箱型		保价金额	250 000		现付费用			
							费别	金额	费别	金额
托运人地址名称	京南钢铁集团						运费	10 000.00		
收货人地址名称	中原市平安区农业路52号中原市嵩山电机厂						基金 1			
货物品名	品名代码	件数	货物重量	计费重量	运价号	运价率	基金 2			
硅钢			25吨				印花税			
							中原铁路分局 2012.12.06 京南站			
合计										
集装箱号码										
记事							合计	¥10 000.00		

发站承运日期：

业务 14

41001032420　　**河南增值税专用发票**　　№00361293

发 票 联

校验码 83666 13521 40125 73869　　开票日期：2012 年 12 月 06 日

国税函[2011]523 号朔光印刷有限公司

购货单位	名称：中原市嵩山电机厂 纳税人识别号：410103238808321 地址、电话：平安区农业路 52 号、32345679 开户行及账号：工行隆兴支行 1702621509024904667				密码区	960549＞＊/－/＜/＞87232＊73－ ＋11/95895107＋34＊＋//－275＋6 ＊94＞4＋6310052＊4259＞－＞＞ 2/4＞＞4/＞＞＞0		
货物或应税劳务名称	规格型号	单位	数量	单价	金额	税率	税额	
起重机	ZZJ-1	台	1	500 000	500 000	17%	85 000	
合计					￥500 000		￥85 000	
价税合计(大写)	伍拾捌万伍仟圆整				（小写）￥585 000.00			
销货单位	名称：洛阳重型机械厂 纳税人识别号：410302742545911 地址、电话：洛阳市大华路 27 号 开户行及账号：工行洛阳瀍河支行 6019801756200218668				备注	洛阳重型机械厂 发票专用章 税号 410302742545911		

收款人：史进　　复核：张华　　开票人：王晓丹　　销货单位：（章）

第二联：发票联 购货方记账凭证

业务 15

ICBC 中国工商银行 **贴现凭证**（收账通知）

填写日期 2012 年 12 月 07 日

申请人	全称	中原市嵩山电机厂	贴现汇票	种类	商业承兑汇票
	账号	6222020200026808184		出票日	2012 年 10 月 10 日
	汇出地点	省市/县		到期日	2013 年 3 月 10 日
汇票承兑人		北方机电公司	账号	82156	开户银行 和平路办事处

金额	人民币（大写）	壹拾伍万捌仟肆佰圆整	千	百	十	万	千	百	十	元	角	分
				￥	1	5	8	4	0	0	0	0

年贴现率	8.3%	贴现利息	千	百	十	万	千	百	十	元	角	分	实付金额	千	百	十	万	千	百	十	元	角	分
					￥	1	3	1	4	7	2	0			￥	1	4	5	2	5	2	8	0

上述款项已入你单位账户

中国工商银行中原分行 隆兴支行 2012.12.07 转讫

银行盖章

2012 年 12 月 7 日

此联由出票人留存

业务 16-1

中国工商银行转账支票存根

支票号码：№03472131

附加信息____________________

出票日期：2012 年 12 月 07 日

收款人：中原市红星商贸公司
金额：￥5 850.00
用途：购买劳保用品

单位主管：李林　　会计：刘霞

业务 16-2

河南增值税专用发票

发票联

№00342926

校验码 65566 25551 56875 42469　　开票日期：2012 年 12 月 07 日

购货单位	名称：中原市嵩山电机厂 纳税人识别号：410103238808321 地址、电话：平安区农业路 52 号、32345679 开户行及账号：建设银行 6227002633200111411			密码区	377149>*/-/</>3211*73-+ 11/1458927+34*+//-237*94> 4+88877213489>->>2/8>>4/ >>>12		
货物或应税劳务名称	规格型号	单位	数量	单价	金额	税率	税额
劳保用品		套	50	100	5 000	17%	850
合计		套	50	100	￥5 000	17%	￥850
价税合计（大写）	伍仟捌佰伍拾圆整				（小写）￥5 850.00		
销货单位	名称：中原市红星经贸公司 纳税人识别号：218028120032412 地址、电话：幸福路 3 号 开户行及账号：工行航海办事处 3220418137622026125			备注			

收款人：胡明　　复核：杨鑫　　开票人：李明杰　　销货单位：（章）

国税函[2011]523 号潮光印刷有限公司

第二联：发票联　购货方记账凭证

业务 17-1

中国工商银行转账支票存根

支票号码：№03472146

附加信息________________

出票日期：2012 年 12 月 07 日

收款人：企业全体职工
金额：
用途：支付职工工资

单位主管：李林　　　会计：刘霞

业务 17-2

中国工商银行转账支票存根

支票号码：№03472147

附加信息________________

出票日期：2012 年 12 月 07 日

收款人：中原市社保中心
金额：
用途：缴纳职工社会保险费

单位主管：李林　　　会计：刘霞

业务 17-3

中国工商银行转账支票存根

支票号码：№03472148

附加信息________________

出票日期：2012 年 12 月 07 日

收款人：中原市住房公积金管理中心
金额：
用途：缴纳职工住房公积金

单位主管：李林　　　会计：刘霞

业务 18-1

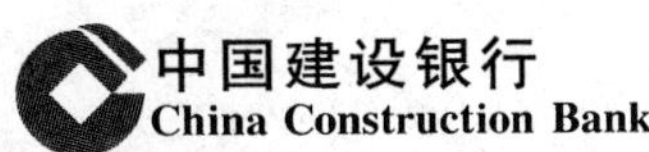

电汇凭证

№

币别：人民币　　2012 年 12 月 07 日　　流水号：36731

<table>
<tr><td colspan="2">汇款方式</td><td colspan="4">■ 普通　　□ 加急</td></tr>
<tr><td rowspan="3">汇款人</td><td>全称</td><td>中原市嵩山电机厂</td><td rowspan="3">收款人</td><td>全称</td><td>洛阳重型机械厂</td></tr>
<tr><td>账号</td><td>6227002633200111411</td><td>账号</td><td>6019801756200218668</td></tr>
<tr><td>汇出行名称</td><td>建设银行中原兴通支行</td><td>汇入行名称</td><td>工商银行洛阳瀍河支行</td></tr>
<tr><td>金额</td><td colspan="4">（大写）伍仟圆整</td><td>千 百 十 万 千 百 十 元 角 分
¥ 5 0 0 0 0 0</td></tr>
<tr><td colspan="3" rowspan="3">中国建设银行中原分行
兴通支行
2012.12.07
转讫</td><td colspan="3">支付密码：</td></tr>
<tr><td colspan="3">附加信息及用途：</td></tr>
<tr><td colspan="3">客户签章</td></tr>
</table>

第二联 客户回单

会计主管：　　授权：　　复核：　　录入：

业务 18-2

河南省地方税务局通用机打发票

全国统一发票监制章 发票联 河南省地方税务局监制

密码 311265　　发票代码：251001110152

开票日期：2012-12-07　　行业分类：制造业　　发票号码：07210528

付款方名称：中原市嵩山电机厂

收款方名称：洛阳重型机械厂

品目明细：

品目	金额	备注
安装费	5 000.00	

合计人民币（大写）伍仟圆整　　¥ 5 000.00

开票人：刘宏

主管税务机关：西工区地方税务局上海路税务所

洛阳重型机械厂 发票用章 税号410302742545911

第一联：发票联（手写无效）

发票代码：251001110152　　发票号码：07210528

业务 19-1

中华人民共和国
税收缴款书

隶属关系：

经济类型：　　　　填发日期：2012 年 12 月 07 日　　　　征收机关：市税务局

缴款单位(人)	代码	656822567916818	预算科目	编码	
	全称	中原市嵩山电机厂		名称	
	开户银行	工行隆兴支行		级次	市级
	账号	6222020200026808184	收款国库		

税款所属时期：2012 年 11 月 1 日至 11 月 30 日　　税款限缴日期：2012 年 12 月 15 日

品目名称	课税数量	计税金额或销售收入	税率或单位税额	已缴或扣除额	实缴金额 亿	仟	佰	拾	万	仟	佰	拾	元	角	分
增值税			17%					3	9	4	0	0	0	0	0
金额合计	(大写)叁拾玖万肆仟圆整						¥	3	9	4	0	0	0	0	0

缴款单位(人) (盖章) 经办人(章)	税务机关 (盖章) 填票人(章)	上列款项已收妥并划转收款单位账户 国库(银行)盖章　年　月　日	备注：

印章：中原市嵩山电机厂 财务专用章；中原市税务局 业务专用章；中国工商银行中原分行隆兴支行 2012.12.07 转讫

无银行收讫章无效

业务 19-2

中华人民共和国 地税

营业税　专用税收缴款书

隶属关系：　　　　　　　　　　　　　　　　　　　　　　　　　　№ 00069857

经济类型：　　　填发日期：2012 年 12 月 07 日　　　征收机关：中原市地方税务局________所

缴款单位(人)	代码	88697753 电话	预算科目	编码	
	全称	中原市嵩山电机厂		名称	
	开户银行	工行隆兴支行		级次	
	账号	6222020200026808184	收款国库		
税款所属时期	2012 年 11 月 1 日至 11 月 30 日		税款限缴日期	2012 年 12 月 15 日	

品目名称	课税数量	计税金额或销售收入	税率或单位税额	已缴或扣除额	亿	千	百	十	万	千	百	十	元	角	分
房屋租赁		200 000	5%						1	0	0	0	0	0	0
金额合计(大写)零仟零佰零拾壹万零仟零佰零拾零元零角零分								¥	1	0	0	0	0	0	0

缴款单位(人) (盖章) 经办人(章) [印章：中原市嵩山电机厂 财务专用章]	(委托地方税务机关"征税专用章") (盖章) [印章：中原市税务局 业务专用章]	上列款项已收妥并划转收款单位账户 [印章：中国工商银行中原分行 隆兴支行 2012.12.07 转讫] 国库(银行)盖章　　年　月　日	备注：

(无银行收讫章无效)　　　　　　　　逾期不缴按税法规定加收滞纳金

业务 19-3

中华人民共和国 地税

城市建设维护税　专用税收缴款书

隶属关系：　　　　　　　　　　　　　　　　　　　　　　　　№ 00043125

经济类型：　　　　填发日期：2012 年 12 月 07 日　　　　征收机关：中原市地方税务局______所

缴款单位(人)	代码	88697753	电话	预算科目	编码	
	全称	中原市嵩山电机厂			名称	
	开户银行	工行隆兴支行			级次	
	账号	6222020200026808184		收款国库		

税款所属时期：2012 年 11 月 1 日至 11 月 30 日　　税款限缴日期：2012 年 12 月 15 日

品目名称	课税数量	计税金额或销售收入	税率或单位税额	已缴或扣除额	实缴金额 亿	千	百	十	万	千	百	十	元	角	分
		404 000	7%						2	8	2	8	0	0	0
金额合计（大写）零仟零佰零拾贰万捌仟贰佰捌拾零元零角零分								¥	2	8	2	8	0	0	0

缴款单位（人）（盖章）经办人（章）	（盖用地方税务机关"征税专用章"）（盖章）	上列款项已收妥并划转收款单位账户 国库（银行）盖章　年　月　日	备注：

印章：中原市嵩山电机厂 财务专用章；中原市税务局 业务专用章；中国工商银行中原分行 隆兴支行 2012.12.07 转讫

（无银行收讫章无效）　　　　逾期不缴按税法规定加收滞纳金

业务 19-4

中华人民共和国 地税

教育费附加　专用税收缴款书

隶属关系：　　　　　　　　　　　　　　　　　　　　　　　　　　　№ 00039723

注册类型：　　　填发日期：2012 年 12 月 07 日　　　征收机关：中原市地方税务局＿＿＿所

<table>
<tr><td rowspan="4">缴款单位(人)</td><td>代　码</td><td>88697753　电话</td><td rowspan="3">预算科目</td><td>编码</td><td></td></tr>
<tr><td>全　称</td><td>中原市嵩山电机厂</td><td>名称</td><td></td></tr>
<tr><td>开户银行</td><td>工行隆兴支行</td><td>级次</td><td></td></tr>
<tr><td>账　号</td><td>6222020200026808184</td><td colspan="2">收款国库</td><td></td></tr>
<tr><td colspan="3">税款所属时期：2012 年 11 月 1 日至 11 月 30 日</td><td colspan="3">税款限缴日期：2012 年 12 月 15 日</td></tr>
</table>

品目名称	课税数量	计税金额或销售收入	税率或单位税额	已缴或扣除额	亿	千	百	十	万	千	百	十	元	角	分
		404 000	3%						1	2	1	2	0	0	0
金额合计(大写)零仟零佰零拾壹万贰仟壹佰贰拾零元零角零分								¥	1	2	1	2	0	0	0

<table>
<tr><td>缴款单位(人)
(盖章)
经办人(章)
[印章：中原市嵩山电机厂 财务专用章]</td><td>(盖)税务机关"征税专用章")
(盖章)
[印章：业务专用章]</td><td>上列款项已收妥并划转收款单位账户
[印章：中国工商银行中原分行 隆兴支行 2012.12.07 转讫]
国库(银行)盖章　年　月　日</td><td>备注：</td></tr>
</table>

(无银行收讫章无效)　　　　　　　逾期不缴按税法规定加收滞纳金

业务 20-1

河南增值税专用发票

No00342129

校验码 87966 45551 42365 56456　　　　开票日期：2012 年 12 月 10 日

购货单位	名　　称：中原市嵩山电机厂 纳税人识别号：410103238808321 地 址 、电 话：平安区农业路 52 号、32345679 开户行及账号：建设银行 6227002633200111411			密码区	675649＞＊/－/＜/＞2266＊73－＋ 31/6543217＋34＊＋//－459＊38＞ 4＋33326523478＞－＞＞6/8＞＞9/ ＞＞＞22		
货物或应税劳务名称	规格型号	单位	数量	单价	金额	税率	税　额
焦炭		吨	30	1 500	45 000	17%	7 650
合　计		吨	30	1 500	￥45 000	17%	￥7 650
价税合计(大写)	伍万贰仟陆佰伍拾圆整				（小写）￥52 650.00		
销货单位	名　　称：永城煤业集团 纳税人识别号：374288121256413 地 址 、电 话：永平路 33 号 开户行及账号：工行永平办事处 3120455562101111432			备注	永城煤业集团 发票专用章 税号374288121256413		

收款人：杨丽　　复核：赵新　　开票人：李杰　　销货单位：(章)

国税函[2011]523号湖光印刷有限公司

第二联：发票联　购货方记账凭证

业务 20-2

电汇凭证

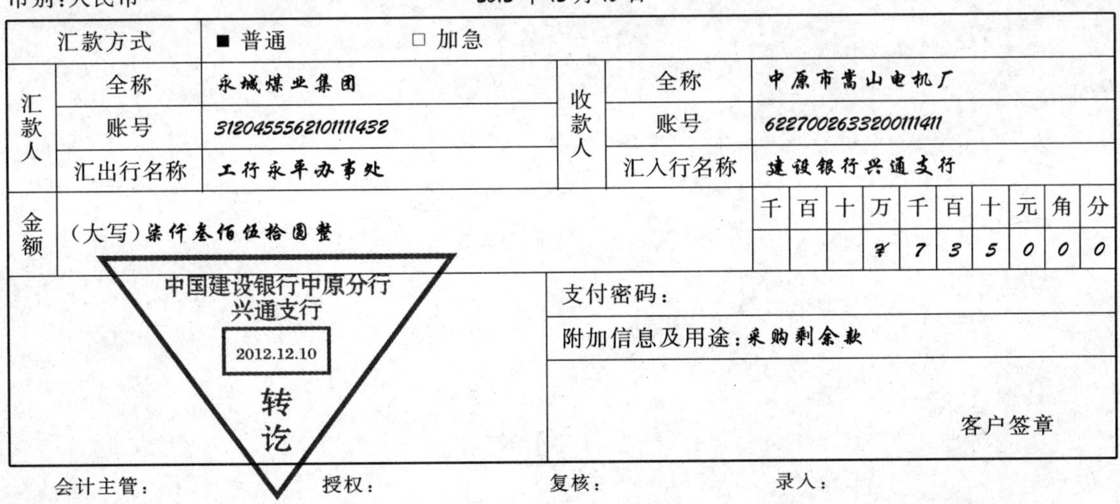

币别：人民币　　　　2012 年 12 月 10 日　　　　No：0333

汇款方式	■ 普通　　□ 加急		
汇款人 全称	永城煤业集团	收款人 全称	中原市嵩山电机厂
汇款人 账号	3120455562101111432	收款人 账号	6227002633200111411
汇出行名称	工行永平办事处	汇入行名称	建设银行兴通支行
金额	（大写）柒仟叁佰伍拾圆整	千百十万千百十元角分	￥7 3 5 0 0 0
中国建设银行中原分行 兴通支行 2012.12.10 转讫		支付密码： 附加信息及用途：采购剩余款 客户签章	

会计主管：　　授权：　　复核：　　录入：

业务 20-3

货 票

计划号码或运输号码:26834　　中原铁路分局永城站　　丙联:承运及收款凭证:发站—托运人

发站	永城	到站	中原	车种车号	货车 66 号	货车标重	承运人/托运人装车			
经由		货物运到期限		施封号码						
运价里程		集装箱箱型		保价金额	50 000		现付费用			
							费别	金额	费别	金额
托运人地址名称	永城煤业集团						运费	3 000.00		
收货人地址名称	中原市嵩山电机厂						基金 1			
货物品名	品名代码	件数	货物重量	计费重量	运价号	运价率	基金 2			
焦炭			30吨				印花税			
合计										
集装箱号码										
记事										
							合计	¥3 000.00		

中原铁路分局 2012.12.10 永城站

发站承运日期:

业务 20-4

电汇凭证

币别：人民币　　　　2012 年 12 月 10 日　　　　№：0310

汇款方式	■ 普通　　□ 加急		
汇款人 全称	中原市嵩山电机厂	收款人 全称	中原市铁路分局永城站
汇款人 账号	6227002633200111411	收款人 账号	6351112633201134121
汇出行名称	建设银行兴通支行	汇入行名称	建设银行新阳支行

金额	千	百	十	万	千	百	十	元	角	分
（大写）叁仟圆整				¥	3	0	0	0	0	0

中国建设银行中原分行 兴通支行 2012.12.10 转讫	支付密码： 附加信息及用途：支付运费 客户签章

会计主管：　　授权：　　复核：　　录入：

业务 21

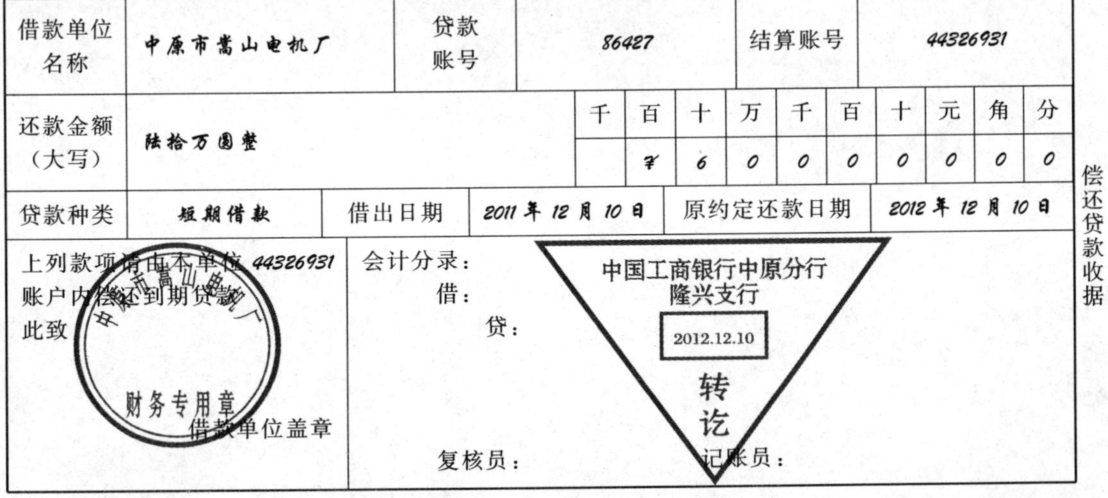

贷款还款凭证

2012 年 12 月 10 日

借款单位名称	中原市嵩山电机厂	贷款账号	86427	结算账号	44326931

还款金额（大写）	千	百	十	万	千	百	十	元	角	分
陆拾万圆整		¥	6	0	0	0	0	0	0	0

贷款种类	短期借款	借出日期	2011 年 12 月 10 日	原约定还款日期	2012 年 12 月 10 日

上列款项请由本单位 44326931 账户内偿还到期贷款 此致 中原市嵩山电机厂 财务专用章 借款单位盖章	会计分录： 借： 贷： 中国工商银行中原分行 隆兴支行 2012.12.10 转讫 复核员：　　记账员：

偿还贷款收据

业务 22-1

河南增值税专用发票

No00361292

发票联

校验码 83666 13521 40125 73869　　　　开票日期：2012 年 12 月 10 日

购货单位	名称：长沙机电公司 纳税人识别号：862502760214675 地址、电话：富民路 78 号 开户行及账号：建行农支 8212100500028				密码区	790649＞＊/－/＜/＞33242＊73－ ＋12/13465107＋34＊＋//－178＋6 ＊94＞4＋5437052＊8972＞－＞＞ 2/1＞＞4/＞＞＞7		
货物或应税劳务名称	规格型号	单位	数量	单价	金额	税率	税额	
ZD 电机		台	5	45 000	225 000	17%	38 250	
BP 电机		台	10	60 000	600 000	17%	102 000	
合计					￥825 000		￥140 250	
价税合计（大写）	玖拾陆万伍仟贰佰伍拾圆整				（小写）￥965 250.00			
销货单位	名称：中原市嵩山电机厂 纳税人识别号：410103238808321 地址、电话：平安区农业路 52 号、32345679 开户行及账号：工行隆兴支行 6222020200026808184				备注	中原市嵩山电机厂 发票专用章 税号410103238808321		

收款人：赵红　　复核：李林　　开票人：李夏　　销货单位：（章）

第一联：记账联　销货方记账凭证

国税函[2011]523 号湖光印刷有限公司

业务 22-2

货　票

计划号码或运输号码：236376　　　　中原铁路分局中原站　　　　丙联：承运及收款凭证：发站---托运人

发站	中原	到站	长沙	车种车号	货车 21 号	货车标重		承运人/托运人装车		
经由		货物运到期限		施封号码						
运价里程		集装箱箱型		保价金额			现付费用			
							费别	金额	费别	金额
托运人地址名称	中原市平安区农业路52号中原嵩山电机厂						运费	5 000		
收货人地址名称	长沙市富民路78号长沙机电公司						基金 1			
货物品名	品名代码	件数	货物重量	计费重量	运价号	运价率	基金 2			
电机		5					印花税			
合计										
集装箱号码										
记事										
							合计	¥5 000		

（印章：中原铁路分局　2012.12.10　中原站）

发站承运日期：

业务 22-3

中国工商银行转账支票存根

支票号码：№03475175

附加信息________________

____

____

出票日期：2012 年 12 月 10 日

收款人：
金额：
用途：运费

单位主管：李林　　会计：刘霞

业务 23-1

河南增值税专用发票

41011069823　　　　　　　　　　　　　　　　　　　　№ 00074813

校验码 68687 13221 59125 46812　　　　　　　　　　发票联　　　　　开票日期：2012 年 12 月 10 日

<table>
<tr><td>购货单位</td><td colspan="4">名　　称：中原市嵩山电机厂
纳税人识别号：410103238808321
地 址 、电 话：平安区农业路 52 号、32345679
开户行及账号：工行隆兴支行 1702621509024904667</td><td>密码区</td><td colspan="3">684749＞＊/－/＜/＞87232＊73－
＋11/47825107＋34＊＋//－695＋6
＊94＞4＋6310052＊4269＞－＞＞
2/4＞＞4/＞＞＞0</td></tr>
<tr><td colspan="2">货物或应税劳务名称</td><td>规格型号</td><td>单位</td><td>数量</td><td>单价</td><td>金额</td><td>税率</td><td>税　额</td></tr>
<tr><td colspan="2">车　床</td><td>C1-597</td><td>台</td><td>1</td><td>200 000</td><td>200 000</td><td>17%</td><td>34 000</td></tr>
<tr><td colspan="2">合　　计</td><td></td><td></td><td></td><td></td><td>¥200 000</td><td></td><td>¥34 000</td></tr>
<tr><td colspan="2">价税合计(大写)</td><td colspan="7">贰拾叁万肆仟圆整　　　　（小写）¥234 000.00</td></tr>
<tr><td>销货单位</td><td colspan="4">名　　称：中原市机械厂
纳税人识别号：410202652545911
地 址 、电 话：中原市复兴路 27 号
开户行及账号：工行中原淮河支行 6224801792630218679</td><td>备注</td><td colspan="3"></td></tr>
</table>

收款人：边晓红　　复核：李静　　开票人：蔡芳菲　　销货单位：(章)

国税函[2011]523 号湖光印刷有限公司

第二联：发票联　购货方记账凭证

业务 23-2

中国工商银行转账支票存根

支票号码：№02775726

附加信息＿＿＿＿＿＿＿＿＿＿

出票日期：2012 年 12 月 10 日

收款人：
金额：
用途：

单位主管：李林　　会计：刘霞

业务 24

410110376250　　**河南增值税专用发票**　　№00234121

发票联

校验码 68687 13221 59125 46812　　开票日期：2012 年 12 月 10 日

购货单位	名　　称：中原市嵩山电机厂 纳税人识别号：410103238808321 地 址 、电 话：平安区农业路 52 号、32345679 开户行及账号：建设银行 6227002633200111411	密码区	382549＞＊/－/＜/＞81234＊73－ ＋11/47123457＋34＊＋//－626＋6 ＊94＞4＋6111112＊3529＞－＞＞ 1/4＞＞4/＞＞＞475

货物或应税劳务名称	规格型号	单位	数量	单价	金额	税率	税　额
风扇		台	30	100	3 000	17%	510
合　　计					￥3 000		￥510
价税合计（大写）	叁仟伍佰壹拾圆整				（小写）￥3 510.00		

销货单位	名　　称：中原宏发商贸公司 纳税人识别号：256188121251321 地 址 、电 话：康乐路 121 号 开户行及账号：工行康乐办事处 62004532621012211 22	备注	中原宏发商贸公司 发票专用章 税号256188121251321

收款人：王海燕　　复核：罗欣明　　开票人：谢飞　　销货单位：（章）

国税函[2011]523 号朔光印刷有限公司

第二联：发票联　购货方记账凭证

业务 25-1

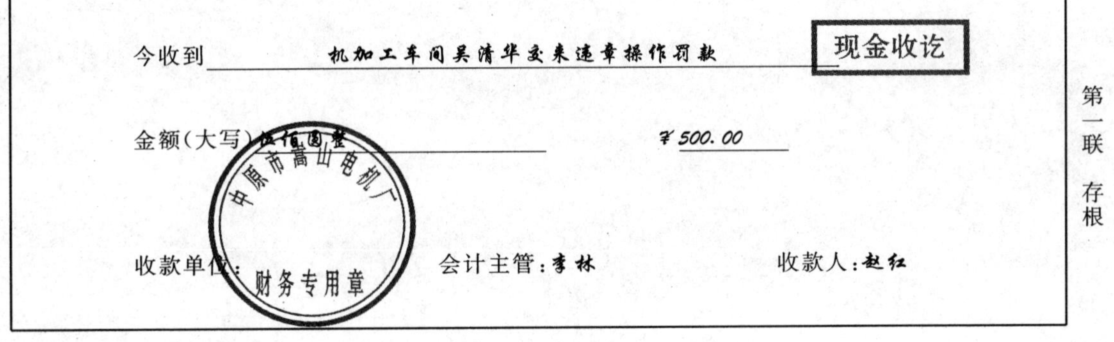

收 据

2012 年 12 月 11 日　　NO. 162

今收到 机加工车间吴清华交来违章操作罚款　　现金收讫

金额(大写) 伍佰圆整　　¥500.00

收款单位：(中原市嵩山电机厂 财务专用章)　　会计主管：李林　　收款人：赵红

第一联 存根

业务 25-2

罚款通知单

财务部：

机加工车间工人吴清华因违章操作，经总经理办公会决定，对其罚款500元。

总经理办公室

2012 年 12 月 11 日

业务 26

破产文书

中原市西青区人民法院　公　告

(2012)青破字第12号

本院受理债权人中原市嵩山电机厂申请的中原市机床经销公司破产清算一案,经中原市机床经销公司破产管理人清算,破产人中原市机床经销公司可提供分配的财产为人民币528 750.45元,破产费用为人民币553 352.39元,现有破产财产不足以支付破产费用,本院根据中原市机床经销公司破产管理人的申请,于2012年11月28日依法裁定终结中原市机床经销公司破产程序。破产程序终结后,未得到清偿的债权不再清偿。

中原市西青区人民法院

公告日期:2012-12-11

业务 27-1

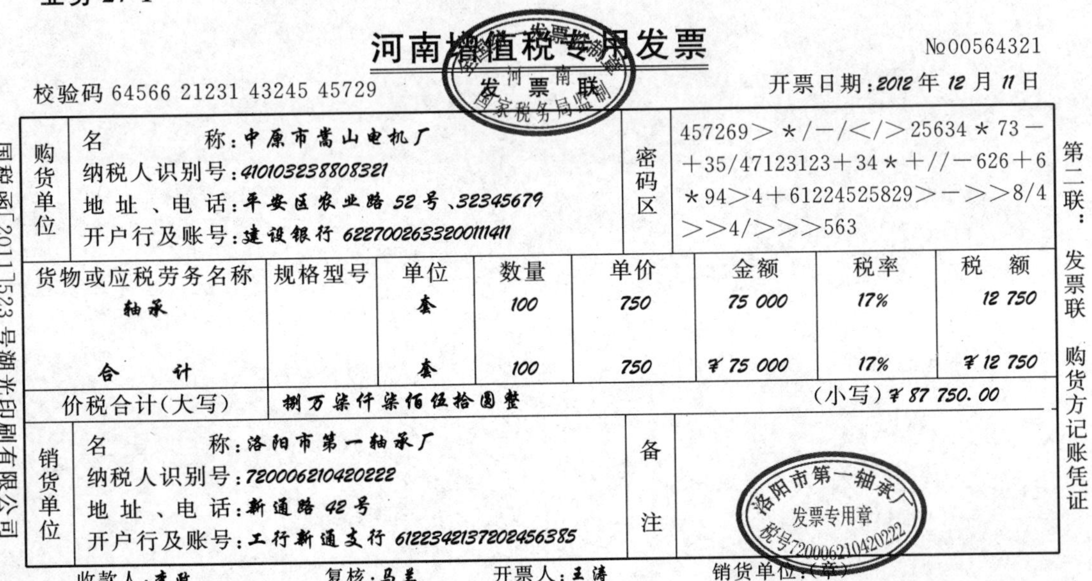

河南增值税专用发票

发票联

No00564321

校验码 64566 21231 43245 45729

开票日期:2012年12月11日

购货单位	名　　称:中原市嵩山电机厂 纳税人识别号:410103238808321 地址、电话:平安区农业路52号、32345679 开户行及账号:建设银行 6227002633200111411	密码区	457269＞*/－/＜/＞25634*73－ +35/47123123+34*+//－626+6 *94＞4+61224525829＞－＞＞8/4 ＞＞4/＞＞＞563

货物或应税劳务名称	规格型号	单位	数量	单价	金额	税率	税额
轴承		套	100	750	75 000	17%	12 750
合　计		套	100	750	¥75 000	17%	¥12 750
价税合计(大写)	捌万柒仟柒佰伍拾圆整				(小写)¥87 750.00		

销货单位	名　　称:洛阳市第一轴承厂 纳税人识别号:720006210420222 地址、电话:新通路42号 开户行及账号:工行新通支行 6122342137202456385	备注	洛阳市第一轴承厂 发票专用章 税号720006210420222

收款人:李政　　复核:马兰　　开票人:王涛　　销货单位:(章)

国税函[2011]523号潮光印刷有限公司

第二联:发票联　购货方记账凭证

业务 27-2

商业承兑汇票

出票日期(大写)贰零壹贰年拾贰月壹拾壹日　　　　汇票号码 00354821

付款人	全称	中原市嵩山电机厂	收款人	全称	洛阳市第一轴承厂
	账号	6227002633200111411		账号	6122342137202456385
	汇出地点	河南省中原市		汇入地点	河南省洛阳市

金额	人民币 (大写)捌万柒仟柒佰伍拾圆整	千	百	十	万	千	百	十	元	角	分
				¥	8	7	7	5	0	0	0

汇票到期日(大写)	贰零壹叁年零叁月壹拾壹日	付款人开户行	行号	456231
交易合同号码	NO. 1462640		地址	建设银行兴通支行
备注：	中原市嵩山电机厂 财务专用章			

业务 28-1

投资银行有价证券代保管单

2012 年 12 月 11 日　　　　№034785

申请保管人	中原市嵩山电机厂	单位及电话	32345679	保管明细表		
面值总额	(大写)：陆拾万圆整	十 万 千 百 十 元 角 分 6 0 0 0 0 0 0 0		名称	张数	面值
保管期限	自 2012 年 12 月 11 日至 2014 年 12 月 11 日止			中原市房屋开发总公司债券	20 000	30
保管费率‰		保管费				
备注 1. 一年为一个保管期，不足一年按一年收费，逾期不足一年逾期时间按一年算。 2. 本保管单不得流通、抵押、转让。 3. "名称"栏内应注意何种债券及具体发债单位。 4. 提取证券时凭身份证办理。		委托单位 (盖章) 投资银行中原市分行 业务专用章 经办员： 复核员：				

④领取保管券凭证

业务 28-2

中国建设银行转账支票存根

支票号码：№02537464

附加信息＿＿＿＿＿＿＿＿

出票日期：2012 年 12 月 11 日

收款人：
金额：¥660 000.00
用途：购买债券

单位主管：李林　会计：刘霞

业务 29-2

中国建设银行转账支票存根

支票号码：№03472131

附加信息＿＿＿＿＿＿＿＿

出票日期 ：2012 年 12 月 11 日

收款人：
金额：¥1 638.00
用途：购买润滑油和油漆

单位主管：李林　会计：刘霞

业务 29-1

河南增值税专用发票　　　　№00346925

发票联（全国统一发票监制章 河南 国家税务局监制）

校验码 52526 23751 44555 42429　　　开票日期：2012 年 12 月 11 日

购货单位
名　　称：中原市嵩山电机厂
纳税人识别号：410103238808321
地 址 、电 话：平安区农业路 52 号、32345679
开户行及账号：建设银行 6227002633200111411

密码区
334469＞＊/－/＜/＞12694＊25－
＋69/42356823＋69＊＋//－576＋6
＊94＞4＋58796225694＞－＞＞9/4
＞＞4/＞＞＞258

货物或应税劳务名称	规格型号	单位	数量	单价	金额	税率	税　额
润滑油		千克	100	8	800	17%	136
油漆		千克	200	3	600	17%	102
合　　计					¥1 400		¥238
价税合计(大写)	壹仟陆佰叁拾捌圆整				（小写）¥1 638.00		

销货单位
名　　称：中原市物资经贸公司
纳税人识别号：304128120067050
地 址 、电 话：民风路 12 号
开户行及账号：工行航海支行 3252456112822386685

备注（中原市物资经贸公司 发票专用章 税号304128120067050）

收款人：刘洋　　复核：许枫　　开票人：王明　　销货单位：(章)

国税函[2011]523 号潮光印刷有限公司

第二联：发票联　购货方记账凭证

业务 30-1

Audi

Tax invoice

AUDI ALPHA RETAILER
Business number: 1234 567 89
Ph: +49 0716 1234567
sales@audialpha. com

INVOICE #	20121008
DATE	12. 12. 2012
CONTRACT NO.	2012-10-26-002
L/C NO.	1056782212

TO: ZHONGYUAN SONGSHAN ELECTRIC MACHINERY MANUFACTURING FACTORY
NO. 84 SONGSHAN ROAD
ZHONGYUAN, CHINA
450 000

SHIPPING DETAILS:
FROM　HAMBURG, GERMANY
TO　ZHONGYUAN, CHINA

ITEM #	COMMODITY DESCRIPTION	QUANTITY	UNIT PRICE	AMOUNT
826033602	AUDI A8L45 TFSI quattro	1	US$ 93,233	US$ 93,000
			TOTAL AMOUNT PAYABLE	US$ 93,000

PAYMENT TERM: 30 DAYS　　THANK YOU FOR YOUR BUSINESS!
BANK DETAILS
BANK NAME　COMMERZBANK
BANK ACCOUNT　AUDI ALPHA RETAILER
BANK ACCOUNT NO　785－624 112456238

注:当日美元卖出价 1USD=6. 2485RMB;当日美元中间价 1USD=6. 236RMB

业务 30-2

GS01

海关进口关税专用缴款书

收入系统：海关系统　　　　填发日期：2012 年 12 月 12 日　　　号码：16062012106157466—A01

收款单位	收入机关	中央金库		缴款单位（人）	名　　称	中原市嵩山电机厂
	科　　目	进口关税	预算级次		账　　号	6222020200026808184
	收缴国库	国库中原中心支库			开户银行	中国工商银行中原分行隆兴支行

税号	货物名称	数量	单位	完税价格(￥)	税率(%)	税款金额(￥)
2204213200	奥迪 A8L45 TFSI quattro	1	辆	579 948.00	25.00	144 987.00
金额人民币(大写)拾肆万肆仟玖佰捌拾柒圆整					合计(￥)	￥144 987.00

申请单位编号	110120889	报关单编号	1606201210615746	填制单位	收缴国库(银行)
合同(批文)号	2012-10-26-002	运输工具(号)	Ocean Vessel Vos	制单人：430276	
缴款期限	2012 年 12 月 27 日前	提/装货单号	826033602		
备注：				复核人：	

中国工商银行中原分行隆兴支行 2012.12.12 转讫

中原市嵩山电机厂 财务专用章

第一联：（收据）国库收款签章后交缴款单位或缴纳人

注：从填发缴款书之日起限 15 日内缴纳（期末遇法定节假日顺延），逾期按日征收税款总额万分之五的滞纳金

业务 30-3

GS01

海关进口增值税专用缴款书

收入系统：税务系统　　填发日期：2012 年 12 月 12 日　　号码：16062012106157466—L02

<table>
<tr><td rowspan="3">收款单位</td><td>收入机关</td><td colspan="3">中央金库</td><td rowspan="3">缴款单位(人)</td><td>名　称</td><td colspan="2">中原市嵩山电机厂</td></tr>
<tr><td>科　目</td><td>进口增值税</td><td>预算级次</td><td></td><td>账　号</td><td colspan="2">6222020200026808184</td></tr>
<tr><td>收缴国库</td><td colspan="3">国库中原中心支库</td><td>开户银行</td><td colspan="2">中国工商银行中原分行隆兴支行</td></tr>
</table>

税号	货物名称	数量	单位	完税价格(￥)	税率(%)	税款金额(￥)
2204213200	奥迪 A8L45 TFSI quattro	1	辆	823 789.77	17.00	140 044.26
金额人民币(大写)拾肆万零肆拾肆圆贰角陆分					合计(￥)	￥140 044.26

（银行印章：中国工商银行中原分行 隆兴支行 2012.12.12 转讫）（印章：中原市嵩山电机厂 财务专用章）

申请单位编号	110120889	报关单编号	1606201210615746	填制单位	收缴国库(银行)
合同(批文)号	2012-10-26-002	运输工具(号)	Ocean Vessel Vos	制单人：430276	
缴款期限	2012 年 12 月 27 日前	提/装货单号	826033602		
备注：				复核人：	

第二联：(收据)国库收款签章后交缴款单位或缴纳人

注：从填发缴款书之日起限 15 日内缴纳(期末遇法定节假日顺延)，逾期按日征收税款总额万分之五的滞纳金

业务 30-4

GS01

海关进口消费税专用缴款书

收入系统:税务系统　　填发日期:2012年12月12日　　号码:16062012106157466—Y03

收款单位	收入机关	中央金库		缴款单位(人)	名称	中原市嵩山电机厂
	科目	进口消费税	预算级次		账号	6222020200026808184
	收缴国库	国库中原中心支库			开户银行	中国工商银行中原分行隆兴支行

税号	货物名称	数量	单位	完税价格(¥)	税率(%)	税款金额(¥)
2204213200	奥迪 A8L45 TFSI quattro	1	辆	823 789.77	12.00	98 854.77
金额人民币(大写)玖万捌仟捌佰伍拾肆圆柒角柒分					合计(¥)	¥98 854.77

申请单位编号	110120889	报关单编号	1606201210615746	填制单位	收缴国库(银行)
合同(批文)号	2012-10-26-002	运输工具(号)	Ocean Vessel Vos		
缴款期限	2012年12月27日前	提/装货单号	826033602	制单人:430276	
备注:				复核人:	

中国工商银行中原分行 隆兴支行 2012.12.12 转讫

中原市嵩山电机厂 财务专用章

第三联:(收据)国库收款签章后交缴款单位或缴纳人

注:从填发缴款书之日起限15日内缴纳(期末遇法定节假日顺延),逾期按日征收税款总额万分之五的滞纳金

业务 31-1

现金盘点报告表

2012年12月12日　　单位:元

实存金额	账存金额	对比结果		处理意见
		溢余	短缺	
1 000.00	1 200.00		200.00	个人赔款

出纳:赵红　　会计:刘霞　　财务部长:李林

业务 31-2

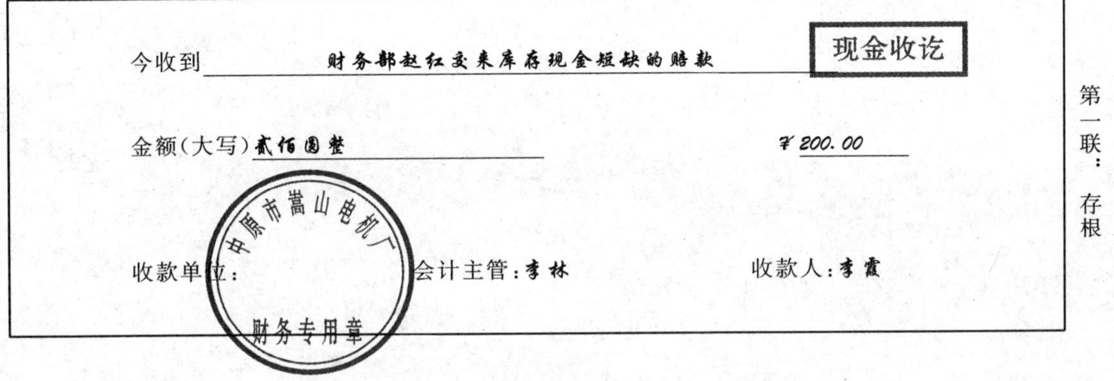

收　据

2012 年 12 月 12 日　　　　No.169

今收到　财务部赵红交来库存现金短缺的赔款　　现金收讫

金额(大写)贰佰圆整　　　　￥200.00

收款单位：（中原市嵩山电机厂 财务专用章）　　会计主管：李林　　收款人：李霞

第一联：存根

业务 32-1

河南增值税专用发票

（全国统一发票监制章 河南 国家税务局监制）　发票联

No00342925

校验码 77996 23838 25145 66669　　　　开票日期：2012 年 12 月 12 日

购货单位	名　　称：中原市嵩山电机厂 纳税人识别号：410103238808321 地 址 、电 话：平安区农业路 52 号、32345679 开户行及账号：建设银行 6227002633200111411				密码区	778869＞＊/－/＜/＞34564＊91－ ＋69/42772453＋69＊＋//－489＋6 ＊94＞4＋25896224874＞－＞＞5/9 ＞＞4/＞＞＞378		

货物或应税劳务名称	规格型号	单位	数量	单价	金额	税率	税　额
包装箱		个	80	750	60 000	17%	10 200
合　　计		个	80	750	￥60 000	17%	￥10 200
价税合计(大写)	柒万零贰佰圆整				（小写）￥70 200.00		

销货单位	名　　称：中原市木器厂 纳税人识别号：462528120012345 地 址 、电 话：新兴路 82 号 开户行及账号：工行新兴支行 4561321212822456689	备注	（中原市木器厂 发票专用章 税号462528120012345）

收款人：杨军　　复核：刘涛　　开票人：王琦　　销货单位：(章)

第二联：发票联　购货方记账凭证

国税函[2011]523 号湖光印刷有限公司

业务 32-2

中国建设银行转账支票存根

支票号码:№03472200

附加信息________________

____

____

出票日期:2012 年 12 月 12 日

收款人:中原市木器厂
金额:¥70 200.00
用途:购买包装箱

单位主管:李林　会计:刘霞

业务 33

河南省地方税务局通用机打发票

发 票 联

密码 651234　　　发票代码:241001110140

开票日期:2012-12-12　　行业分类:服务业　饮食业　　发票号码:05220479

付款方名称:中原市嵩山电机厂

收款方名称:中原四季春酒店

品目明细:

品目	金额	备注
餐费	2 500.00	

合计人民币(大写)贰仟伍佰圆整　¥2 500.00

开票人:陈琪

主管税务机关:中原区地方税务局政通路税务所

中原四季春酒店 发票专用章 税号410104123498 76

第一联 发票联 (手写无效)

发票代码:241001110140　　发票号码:05220479

业务 34-1

专用收款收据

2012 年 12 月 13 日　　　　№ 0035468

付款单位（交款人）	中原市环保设备公司	收款单位（领款人）	中原市嵩山电机厂	收款项目	租赁款
人民币（大写）	玖仟伍佰圆整	千 百 十 万 千 百 十 元 角 分	¥ 9 5 0 0 0 0	结算方式	转账支票
收款事由	租赁设备款	经办	部门		
			人员		
上述款照数收讫无误。收款单位财会专用章：（领款人签章）中原市嵩山电机厂 财务专用章	会计主管	稽核	出纳	交款人	
	李林	王琳	赵红	邵峰	

业务 34-2

 中国工商银行　　**进账单**（回单）　1

2012 年 12 月 13 日

出票人	全称	中原市环保设备公司	收款人	全称	中原市嵩山电机厂
	账号	1702037812901902806		账号	6222020200026808184
	开户银行	工商银行中原黄河支行		开户银行	工商银行中原隆兴支行
人民币（大写）：玖仟伍佰圆整			千 百 十 万 千 百 十 元 角 分		¥ 9 5 0 0 0 0
票据种类	转账支票	票据张数	1	中国工商银行中原分行隆兴支行 2012.12.13 转讫 开户银行盖章	
票据号码	2164689				
复核：	记账：				

此联是开户银行交给持票人的回单

业务 34-3

固定资产租赁凭据

2012 年 12 月 13 日　　　　第 6 号

出租单位名称	中原市嵩山电机厂		租入单位名称	中原市环保设备公司	
固定资产名称	CQ 车床	类别	生产经营用固定资产	原始价值	350 000
每月租金	9 500	租赁期限	三年	备注	

设备科科长：杨大伟　　　　财务负责人：李林

业务 35-1

河南增值税专用发票

发票联　　　　№00478525

校验码 75566 24621 43245 12369　　　　开票日期：2012 年 12 月 13 日

购货单位	名　　称：中原市嵩山电机厂 纳税人识别号：410103238808321 地 址 、电 话：平安区农业路 52 号、32345679 开户行及账号：建设银行 6227002633200111411					密码区	854149>*/−/</>3546*73−+ 11/12356107+34*+//−269*94 >4+45321523569>−>>2/8>> 4/>>>0>4+3216	
货物或应税劳务名称	规格型号	单位	数量	单价	金额	税率	税额	
工业用电		度	25 950	0.80	20 760	17%	3 529.20	
合　　计		度	25 950	0.80	¥20 760	17%	¥3 529.20	
价税合计(大写)	贰万肆仟贰佰捌拾玖圆贰角				(小写)¥24 289.20			
销货单位	名　　称：中原市电力公司 纳税人识别号：340006250016794 地 址 、电 话：淮河路 572 号 开户行及账号：工行淮支 6222831135202355420					备注	中原市电力公司 发票专用章 税号340006250016794	

收款人：李蔚　　复核：张华威　　开票人：杨明力　　销货单位：(章)

国税函[2011]523 号潮光印刷有限公司

第二联：发票联　购货方记账凭证

业务 35-2

ICBC  委托收款凭证(付账通知)　3

第　号

特约

委托日期:2012 年 12 月 13 日

付款人	全称	中原市嵩山电机厂	收款人	全称	中原市电力公司
	账号	6222020200026808184		账号	6222831135202355420
	开户银行	中原分行隆兴支行		开户银行	工行淮河支行
委收金额	人民币(大写)贰万肆仟贰佰捌拾玖圆贰角整			千 百 十 万 千 百 十 元 角 分	¥ 2 4 2 8 9 2 0
计费周期	1个月	协议(合同)号码			
款项内容	12月份电费	付款人开户银行盖章 年　月　日			

中国工商银行中原分行
隆兴支行
2012.12.13
转讫

此联是付款人开户银行交付款人按期付款的通知

单位主管:李林　　会计:刘霞　　复核:　　记账:

10×17.5 公分(白纸褐油墨)

业务 36-1

河南增值税专用发票

41010364780　　№00471567

校验码 83226 13525 40125 73635　　开票日期:2012 年 12 月 13 日

全国统一发票监制章 河南省 国家税务局监制

发票联

购货单位	名　　称:中原市嵩山电机厂 纳税人识别号:410103238808321 地址、电话:农业路52号、0371－3234567 开户行及账号:工行隆兴支行 1702621509024904667				密码区	890789＞*/－/＜/＞87784*73－+11/95695107+34*+//－275+6*78＞4+631054*4789＞－＞＞2/4＞＞3/＞＞＞1	
货物或应税劳务名称	规格型号	单位	数量	单价	金额	税率	税额
维修设备		台	2	4 500	9 000	17%	1 530
合　　计					¥9 000		¥1 530
价税合计(大写)	壹万零伍佰叁拾圆整				(小写)¥10 530.00		
销货单位	名　　称:中原市设备修理厂 纳税人识别号:410102742545255 地址、电话:中原市大商路75号 开户行及账号:工行中原淮河支行 6022801756200215531				备注	中原市设备修理厂 发票专用章 税号410102742545255	

第二联:发票联　购货方记账凭证

国税函[2011]523号湖光印刷有限公司

收款人:李进　　复核:张苗　　开票人:李晓莉　　销货单位:(章)

业务 36-2

中国建设银行转账支票存根

支票号码：№7832091

科　　目

对方科目

签发日期：2012 年 12 月 13 日

收款人：
金额：
用途：
备注：

单位主管：李林　　　会计：刘霞

业务 37

现金存款凭条

2012 年 12 月 13 日

存款人	全称	中原市嵩山电机厂		
	账号	6227002633200111411	款项来源	零售款
	开户行	中国建设银行中原分行兴通支行	交款人	销售部李明

金额（大写）肆仟圆整	金额（小写）	千	百	十	万	千	百	十	元	角	分
					¥	4	0	0	0	0	0

票面	张数	十	万	千	百	十	元	票面	张数	千	百	十	元	角	分	备注
壹佰元	20			2	0	0	0	伍角	0							
伍拾元	30			1	5	0	0	贰角	0							中国建设银行中原分行兴通支行 2012.12.13 转讫
贰拾元	20				4	0	0	壹角	0							
拾元	10				1	0	0	伍分	0							
伍元	0							贰分	0							
贰元	0							壹分	0							
壹元	0															

业务 38-1

河南增值税专用发票

发票联

№00361293

校验码 83666 13521 40125 73869　　　　开票日期：2012 年 12 月 13 日

购货单位	名　　称：广州机电公司 纳税人识别号：875802760214781 地址、电话：民主路 52 号 开户行及账号：建行新支 6012100500037	密码区	954787＞＊/－/＜/＞23278＊67－ ＋12/95675407＋34＊＋//－572＋6 ＊94＞4＋9988763＊87603＞－＞＞ 2/1＞＞4/＞＞＞5

货物或应税劳务名称	规格型号	单位	数量	单价	金额	税率	税额
ZD 电机		台	8	45 000	360 000	17%	61 200
BP 电机		台	4	60 000	240 000	17%	40 800
合　计					￥600 000		￥102 000
价税合计（大写）	柒拾万零贰仟圆整				（小写）￥702 000.00		

销货单位	名　　称：中原市嵩山电机厂 纳税人识别号：410103238808321 地址、电话：平安区农业路 52 号、32345679 开户行及账号：工行隆兴支行 6222020200026808184	备注	（印章：中原市嵩山电机厂 发票专用章 税号410103238808321）

收款人：赵红　　复核：李林　　开票人：李夏　　销货单位：（章）

国税函[2011]523 号溯光印刷有限公司

第一联：记账联　销货方记账凭证

业务 38-2

中国工商银行转账支票存根

支票号码：№03475175

附加信息________________

出票日期：　　年　　月　　日

收款人：
金　额：
用　途：运费

单位主管：李林　会计：刘霞

业务 38-3

货 票

ANo03251

计划号码或运输号码：321265　　中原铁路分局　　丙联：承运及收款凭证：发站—托运人

发站	中原	到站	广州	车种车号	货车15号		货车标重		承运人/托运人装车	
经由		货物运到期限			施封号码					
运价里程		集装箱箱型		保价金额			现付费用			
							费别	金额	费别	金额
托运人地址名称	中原市平安区农业路52号中原市嵩山电机厂						运费	9 000		
收货人地址名称	广州市民主路52号广州机电公司						基金1			
货物品名	品名代码	件数	货物重量	计费重量	运价号	运价率	基金2			
BP电机		4					印花税			
ZD电机		8								
合计										
集装箱号码										
记事										
							合计	¥9 000		

中原铁路分局 2012.12.13 中原站

发站承运日期戳　　经办人章

业务 38-4

ICBC 中国工商银行　　托收凭证(回单)

委托日期:2012 年 12 月 13 日　　付款期限:2012 年 12 月 23 日

<table>
<tr><td colspan="2">业务类型</td><td colspan="6">委托收款(□ 邮划、□ 电划)　托收承付(■ 邮划、□ 电划)</td></tr>
<tr><td rowspan="3">付款人</td><td>全称</td><td colspan="2">广州机电公司</td><td rowspan="3">收款人</td><td>全称</td><td colspan="2">中原市嵩山电机厂</td></tr>
<tr><td>账号</td><td colspan="2">6012100500037</td><td>账号</td><td colspan="2">6222020200026808184</td></tr>
<tr><td>开户银行</td><td colspan="2">建行新支</td><td>开户银行</td><td colspan="2">工行隆兴支行</td></tr>
<tr><td colspan="6">人民币
(大写)</td><td colspan="2">千 百 十 万 千 百 十 元 角 分
¥</td></tr>
<tr><td colspan="2">款项内容</td><td>货款</td><td>托收凭证名称</td><td colspan="2"></td><td>附寄单证张数</td><td>8</td></tr>
<tr><td colspan="2">商品发运情况</td><td colspan="4">铁路</td><td>合同名称号码</td><td>331</td></tr>
<tr><td colspan="3">备注:

复核:　　记账:
年　月　日</td><td colspan="5">上列款项已划回收入你方账户

收款人开户银行签章
年　月　日</td></tr>
</table>

中国工商银行中原分行 隆兴支行 2012.12.13 转讫

此联是收款人开户银行给收款人的回单或收账通知

业务 39-1

中国建设银行转账支票存根

支票号码:№7832091

科　　目

对方科目

签发日期:　　年　　月　　日

收款人:
金额:
用途:
备注:

单位主管:李林　　会计:刘霞

业务 39-2

河南省国家税务局通用机打发票

全国统一发票监制章 河南 国家税务局 发票联 地方税务局监制

机打代码：1418201953796
机打号码：32457381
开票日期：2012-12-14
行业分类：制造业
发票代码：1418201953796
发票号码：32457381

中原顺风 2011 年 8 月印 200000 份(1×3)

付款单位名称：中原市嵩山电机厂

货物或劳务名称	单位	单价	数量	金额
专利	项	105 000	1	105 000.00

合计人民币(大写)拾万零伍仟圆整　　合计：¥105 000.00 元

收款单位名称(盖章)：中原市东方公司
收款单位识别码：41010317287639　　开票人：华山　　备注：

中原市东方公司 发票专用章 税号41010317287639

第一联：发票联(购货单位付款凭证)(手开无效)

发票代码：1418201953796　　发票号码：32457381

业务 40-1

固定资产交接单

2012 年 12 月 14 日

移交单位	成品库	接收单位	机加车间
固定资产名称	BP 电机	规　格	
技术特征			
附属物			
建造企业	中原市嵩山电机厂	出厂或建成年月	2012 年 11 月 15 日
安装单位		安装完工年月	
成本	48 000	其中：安装费	
税金			
移交单位负责人	付家成	接收单位负责人	李茂林

业务 40-2

产品出库单

2012 年 12 月 14 日

凭证编号：11008

产成品库：一号库

用途：自用

类别	编号	名称及规格	计量单位	数量	单位成本	总成本	附注：
	25001	BP 电机	台	1	48 000	48 000	机加车间作为固定资产使用，该电机市场价格 60 000 元 设备科
合 计							

二 财务存

记账：刘黎　　保管：许曼　　检验：洪双　　制单：李芳

业务 41

收 料 单

2012 年 12 月 4 日

编码：12001

材料编号	材料名称	规格	材质	单位	数量		实际单价	材料金额	运杂费	材料实际成本
					发货	实收				
15401	生铁			吨	100	100	3 480	348 000		
供货单位	三门峡钢铁厂		结算办法	转账	合同号		计划单价			材料计划成本
备注								3 500		350 000

主管：谢东　　质量检验员：李新　　仓库验收：宋波　　经办人：赵军

收 料 单

2012 年 12 月 6 日

编码：12002

材料编号	材料名称	规格	材质	单位	数量		实际单价	材料金额	运杂费	材料实际成本
					发货	实收				
15402	硅钢			吨	25	25	8 000	20 000		
供货单位	京南钢铁集团		结算办法	转账	合同号		计划单价			材料计划成本
备注								7 800		195 000

主管：谢东　　质量检验员：李新　　仓库验收：宋波　　经办人：赵军

收 料 单

2012 年 12 月 7 日　　　　编码：12003

材料编号	材料名称	规格	材质	单位	数量		实际单价	材料金额	运杂费	材料实际成本
					发货	实收				
15403	劳保用品			套	50	50	100	5 000		
供货单位	红星商贸公司		结算办法	转账	合同号		计划单价			材料计划成本
备注							90			4 500

主管：谢东　　质量检验员：李新　　仓库验收：宋波　　经办人：赵军

收 料 单

2012 年 12 月 10 日　　　　编码：12004

材料编号	材料名称	规格	材质	单位	数量		实际单价	材料金额	运杂费	材料实际成本
					发货	实收				
15404	焦炭			吨	30	30	1 500	45 000		
供货单位	永城煤业集团		结算办法	转账	合同号		计划单价			材料计划成本
备注							1 450			43 500

主管：谢东　　质量检验员：李新　　仓库验收：宋波　　经办人：赵军

收 料 单

2012 年 12 月 10 日　　　　编码：12005

材料编号	材料名称	规格	材质	单位	数量		实际单价	材料金额	运杂费	材料实际成本
					发货	实收				
15405	风扇			台	30	30	100	3 000		
供货单位	宏发商贸公司		结算办法	转账	合同号		计划单价			材料计划成本
备注							110			3 300

主管：谢东　　质量检验员：李新　　仓库验收：宋波　　经办人：赵军

收 料 单

2012年12月11日　　　　编码：12006

<table>
<tr><td rowspan="2">材料编号</td><td rowspan="2">材料名称</td><td rowspan="2">规格</td><td rowspan="2">材质</td><td rowspan="2">单位</td><td colspan="2">数量</td><td rowspan="2">实际单价</td><td rowspan="2">材料金额</td><td rowspan="2">运杂费</td><td rowspan="2">材料实际成本</td></tr>
<tr><td>发货</td><td>实收</td></tr>
<tr><td>15406</td><td>轴承</td><td></td><td></td><td>套</td><td>100</td><td>100</td><td>750</td><td>75 000</td><td></td><td></td></tr>
<tr><td>供货单位</td><td colspan="2">洛阳轴承厂</td><td>结算办法</td><td>转账</td><td>合同号</td><td></td><td colspan="3">计划单价</td><td>材料计划成本</td></tr>
<tr><td>备注</td><td colspan="6"></td><td colspan="3">720</td><td>72 000</td></tr>
</table>

主管：谢东　　质量检验员：李新　　仓库验收：宋波　　经办人：赵军

收 料 单

2012年12月11日　　　　编码：12007

<table>
<tr><td rowspan="2">材料编号</td><td rowspan="2">材料名称</td><td rowspan="2">规格</td><td rowspan="2">材质</td><td rowspan="2">单位</td><td colspan="2">数量</td><td rowspan="2">实际单价</td><td rowspan="2">材料金额</td><td rowspan="2">运杂费</td><td rowspan="2">材料实际成本</td></tr>
<tr><td>发货</td><td>实收</td></tr>
<tr><td>15407
15408</td><td>润滑油
油漆</td><td></td><td></td><td>千克
千克</td><td>100
200</td><td>100
200</td><td>8
3</td><td>800
600</td><td></td><td></td></tr>
<tr><td>供货单位</td><td colspan="2">中原物资公司</td><td>结算办法</td><td>转账</td><td>合同号</td><td></td><td colspan="3">计划单价</td><td>材料计划成本</td></tr>
<tr><td>备注</td><td colspan="6"></td><td colspan="3">7.5
4</td><td>750
800</td></tr>
</table>

主管：谢东　　质量检验员：李新　　仓库验收：宋波　　经办人：赵军

收 料 单

2012年12月12日　　　　编码：12008

<table>
<tr><td rowspan="2">材料编号</td><td rowspan="2">材料名称</td><td rowspan="2">规格</td><td rowspan="2">材质</td><td rowspan="2">单位</td><td colspan="2">数量</td><td rowspan="2">实际单价</td><td rowspan="2">材料金额</td><td rowspan="2">运杂费</td><td rowspan="2">材料实际成本</td></tr>
<tr><td>发货</td><td>实收</td></tr>
<tr><td>15409</td><td>包装箱</td><td></td><td></td><td>个</td><td>80</td><td>80</td><td>750</td><td>60 000</td><td></td><td></td></tr>
<tr><td>供货单位</td><td colspan="2">中原木器厂</td><td>结算办法</td><td>转账</td><td>合同号</td><td></td><td colspan="3">计划单价</td><td>材料计划成本</td></tr>
<tr><td>备注</td><td colspan="6"></td><td colspan="3">800</td><td>64 000</td></tr>
</table>

主管：谢东　　质量检验员：李新　　仓库验收：宋波　　经办人：赵军

业务 42

领　料　单

领料部门：铸造车间　　　　凭证编号：L—001
用　　途：BP 电机　　　　2012 年 12 月 1 日　　　　发料仓库：1 号仓库

材料类别	材料名称	材料规格	计量单位	数量		计划成本	
				请领	实发	单价	金额
	生铁		吨	20	20	3 500	

记账

记账：　　　　发料：赵宏　　　　审批：　　　　领料：王亮

领　料　单

领料部门：铸造车间　　　　凭证编号：L—002
用　　途：ZD 电机　　　　2012 年 12 月 1 日　　　　发料仓库：1 号仓库

材料类别	材料名称	材料规格	计量单位	数量		计划成本	
				请领	实发	单价	金额
	生铁		吨	18	18	3 500	

记账

记账：　　　　发料：赵宏　　　　审批：　　　　领料：王亮

领　料　单

领料部门：机加车间　　　　凭证编号：L—003
用　　途：BP 电机　　　　2012 年 12 月 1 日　　　　发料仓库：1 号仓库

材料类别	材料名称	材料规格	计量单位	数量		计划成本	
				请领	实发	单价	金额
	硅钢		吨	10	10	7 800	

记账

记账：　　　　发料：赵宏　　　　审批：　　　　领料：刘涛

领　料　单

领料部门：机加车间　　　　　　　　　　　　　　凭证编号：L—004
用　　途：ZD电机　　　　2012年12月1日　　　　发料仓库：1号仓库

材料类别	材料名称	材料规格	计量单位	数量		计划成本	
				请领	实发	单价	金额
	硅钢		吨	8	8	7 800	

记账

记账：　　　　发料：赵宏　　　　审批：　　　　领料：刘涛

领　料　单

领料部门：铸造车间　　　　　　　　　　　　　　凭证编号：L—005
用　　途：BP电机　　　　2012年12月1日　　　　发料仓库：1号仓库

材料类别	材料名称	材料规格	计量单位	数量		计划成本	
				请领	实发	单价	金额
	焦炭		吨	10	10	1 450	

记账

记账：　　　　发料：赵宏　　　　审批：　　　　领料：王亮

领　料　单

领料部门：铸造车间　　　　　　　　　　　　　　凭证编号：L—006
用　　途：ZD电机　　　　2012年12月1日　　　　发料仓库：1号仓库

材料类别	材料名称	材料规格	计量单位	数量		计划成本	
				请领	实发	单价	金额
	焦炭		吨	8	8	1 450	

记账

记账：　　　　发料：赵宏　　　　审批：　　　　领料：王亮

领　料　单

领料部门：铸造车间　　　　凭证编号：L—007

用　　途：BP 电机　　2012 年 12 月 1 日　　发料仓库：1 号仓库

材料类别	材料名称	材料规格	计量单位	数量		计划成本	
				请领	实发	单价	金额
	天然气	米³		100	100	2.4	

记账

记账：　　发料：赵宏　　审批：　　领料：王亮

领　料　单

领料部门：铸造车间　　　　凭证编号：L—008

用　　途：ZD 电机　　2012 年 12 月 1 日　　发料仓库：1 号仓库

材料类别	材料名称	材料规格	计量单位	数量		计划成本	
				请领	实发	单价	金额
	天然气	米³		95	95	2.4	

记账

记账：　　发料：赵宏　　审批：　　领料：王亮

领　料　单

领料部门：装配车间　　　　凭证编号：L—009

用　　途：BP 电机　　2012 年 12 月 1 日　　发料仓库：1 号仓库

材料类别	材料名称	材料规格	计量单位	数量		计划成本	
				请领	实发	单价	金额
	轴承		套	20	20	720	

记账

记账：　　发料：赵宏　　审批：　　领料：李杰

领　料　单

领料部门:装配车间　　　　　　　　　　　　　　　　凭证编号:L—010
用　　途:ZD电机　　　2012年12月1日　　　　　　发料仓库:1号仓库

材料类别	材料名称	材料规格	计量单位	数量		计划成本	
				请领	实发	单价	金额
	轴承		套	19	19	720	

记账

记账:　　　　发料:赵宏　　　　审批:　　　　领料:李杰

领　料　单

领料部门:装配车间　　　　　　　　　　　　　　　　凭证编号:L—011
用　　途:BP电机　　　2012年12月1日　　　　　　发料仓库:1号仓库

材料类别	材料名称	材料规格	计量单位	数量		计划成本	
				请领	实发	单价	金额
	风扇		台	9	9	110	

记账

记账:　　　　发料:赵宏　　　　审批:　　　　领料:李杰

领　料　单

领料部门:装配车间　　　　　　　　　　　　　　　　凭证编号:L—012
用　　途:ZD电机　　　2012年12月1日　　　　　　发料仓库:1号仓库

材料类别	材料名称	材料规格	计量单位	数量		计划成本	
				请领	实发	单价	金额
	风扇		台	10	10	110	

记账

记账:　　　　发料:赵宏　　　　审批:　　　　领料:李杰

领　料　单

领料部门：装配车间　　　　凭证编号：L—013
用　　途：一般耗用　　　　2012年12月1日　　　　发料仓库：1号仓库

材料类别	材料名称	材料规格	计量单位	数量		计划成本	
				请领	实发	单价	金额
	油漆		千克	22	22	4	

记账

记账：　　发料：赵宏　　审批：　　领料：李杰

领　料　单

领料部门：装配车间　　　　凭证编号：L—014
用　　途：一般耗用　　　　2012年12月1日　　　　发料仓库：1号仓库

材料类别	材料名称	材料规格	计量单位	数量		计划成本	
				请领	实发	单价	金额
	油漆		千克	20	20	4	

记账

记账：　　发料：赵宏　　审批：　　领料：李杰

领　料　单

领料部门：装配车间　　　　凭证编号：L—015
用　　途：一般耗用　　　　2012年12月1日　　　　发料仓库：1号仓库

材料类别	材料名称	材料规格	计量单位	数量		计划成本	
				请领	实发	单价	金额
	润滑油		千克	10	10	7.5	

记账

记账：　　发料：赵宏　　审批：　　领料：李杰

领　料　单

领料部门：装配车间　　　　　　　　　　　　　　　　凭证编号：L—016
用　　途：一般耗用　　　　　2012 年 12 月 1 日　　　　发料仓库：1 号仓库

材料类别	材料名称	材料规格	计量单位	数量		计划成本	
				请领	实发	单价	金额
	润滑油		千克	11	11	7.5	

记账

记账：　　　　发料：赵宏　　　　审批：　　　　领料：李杰

领　料　单

领料部门：装配车间　　　　　　　　　　　　　　　　凭证编号：L—001
用　　途：BP 电机　　　　　2012 年 12 月 1 日　　　　发料仓库：2 号仓库

材料类别	材料名称	材料规格	计量单位	数量		计划成本	
				请领	实发	单价	金额
	包装箱		个	20	20	800	

记账

记账：　　　　发料：刘伟　　　　审批：　　　　领料：李杰

领　料　单

领料部门：装配车间　　　　　　　　　　　　　　　　凭证编号：L—002
用　　途：ZD 电机　　　　　2012 年 12 月 1 日　　　　发料仓库：2 号仓库

材料类别	材料名称	材料规格	计量单位	数量		计划成本	
				请领	实发	单价	金额
	包装箱		个	18	18	800	

记账

记账：　　　　发料：刘伟　　　　审批：　　　　领料：李杰

领 料 单

领料部门:装配车间　　　　　　　　　　　　　　凭证编号:L—003
用　　途:一般耗用　　　2012年12月1日　　　发料仓库:2号仓库

材料类别	材料名称	材料规格	计量单位	数量		计划成本	
				请领	实发	单价	金额
	劳保用品		套	18	18	90	

记账

记账:　　　发料:刘伟　　　审批:　　　领料:李杰

领 料 单

领料部门:装配车间　　　　　　　　　　　　　　凭证编号:L—004
用　　途:一般耗用　　　2012年12月1日　　　发料仓库:2号仓库

材料类别	材料名称	材料规格	计量单位	数量		计划成本	
				请领	实发	单价	金额
	劳保用品		套	20	20	90	

记账

记账:　　　发料:刘伟　　　审批:　　　领料:李杰

领 料 单

领料部门:机修车间　　　　　　　　　　　　　　凭证编号:L—005
用　　途:一般耗用　　　2012年12月5日　　　发料仓库:2号仓库

材料类别	材料名称	材料规格	计量单位	数量		计划成本	
				请领	实发	单价	金额
	润滑油		千克	10	10	7.5	

记账

记账:　　　发料:刘伟　　　审批:　　　领料:赵冰

领　料　单

领料部门：铸造车间　　　　　　　　　　　　凭证编号：L—017
用　　途：BP电机　　　　2012年12月5日　　　　发料仓库：1号仓库

材料类别	材料名称	材料规格	计量单位	数量		计划成本	
				请领	实发	单价	金额
	生铁		吨	10	10	3 500	

记账

记账：　　　　发料：赵宏　　　　审批：　　　　领料：王亮

领　料　单

领料部门：铸造车间　　　　　　　　　　　　凭证编号：L—018
用　　途：ZD电机　　　　2012年12月5日　　　　发料仓库：1号仓库

材料类别	材料名称	材料规格	计量单位	数量		计划成本	
				请领	实发	单价	金额
	生铁		吨	10	10	3 500	

记账

记账：　　　　发料：赵宏　　　　审批：　　　　领料：王亮

领　料　单

领料部门：机加车间　　　　　　　　　　　　凭证编号：L—019
用　　途：BP电机　　　　2012年12月5日　　　　发料仓库：1号仓库

材料类别	材料名称	材料规格	计量单位	数量		计划成本	
				请领	实发	单价	金额
	硅钢		吨	5	5	7 800	

记账

记账：　　　　发料：赵宏　　　　审批：　　　　领料：刘涛

领　料　单

领料部门：机加车间　　　　　　　　　　　　　　　　凭证编号：L—020
用　　途：ZD电机　　　　2012年12月5日　　　　发料仓库：1号仓库

材料类别	材料名称	材料规格	计量单位	数量		计划成本	
				请领	实发	单价	金额
	硅钢		吨	5	5	7 800	

记账

记账：　　　　发料：赵宏　　　　审批：　　　　领料：刘涛

领　料　单

领料部门：铸造车间　　　　　　　　　　　　　　　　凭证编号：L—021
用　　途：BP电机　　　　2012年12月5日　　　　发料仓库：1号仓库

材料类别	材料名称	材料规格	计量单位	数量		计划成本	
				请领	实发	单价	金额
	焦炭		吨	5	5	1 450	

记账

记账：　　　　发料：赵宏　　　　审批：　　　　领料：王亮

领　料　单

领料部门：铸造车间　　　　　　　　　　　　　　　　凭证编号：L—022
用　　途：ZD电机　　　　2012年12月5日　　　　发料仓库：1号仓库

材料类别	材料名称	材料规格	计量单位	数量		计划成本	
				请领	实发	单价	金额
	焦炭		吨	5	5	1 450	

记账

记账：　　　　发料：赵宏　　　　审批：　　　　领料：王亮

领　料　单

领料部门：铸造车间　　　　凭证编号：L—023
用　　途：BP电机　　　　2012年12月5日　　　　发料仓库：1号仓库

材料类别	材料名称	材料规格	计量单位	数量		计划成本	
				请领	实发	单价	金额
	天然气	米^3		50	50	2.4	

记账

记账：　　　　发料：赵宏　　　　审批：　　　　领料：王亮

领　料　单

领料部门：铸造车间　　　　凭证编号：L—024
用　　途：ZD电机　　　　2012年12月5日　　　　发料仓库：1号仓库

材料类别	材料名称	材料规格	计量单位	数量		计划成本	
				请领	实发	单价	金额
	天然气	米^3		50	50	2.4	

记账

记账：　　　　发料：赵宏　　　　审批：　　　　领料：王亮

领　料　单

领料部门：装配车间　　　　凭证编号：L—025
用　　途：BP电机　　　　2012年12月5日　　　　发料仓库：1号仓库

材料类别	材料名称	材料规格	计量单位	数量		计划成本	
				请领	实发	单价	金额
	轴承		套	10	10	720	

记账

记账：　　　　发料：赵宏　　　　审批：　　　　领料：李杰

领　料　单

领料部门:装配车间　　　　　　　　　　　　　　　　凭证编号:L—026
用　　途:ZD 电机　　　　　2012 年 12 月 5 日　　　　发料仓库:1 号仓库

材料类别	材料名称	材料规格	计量单位	数量		计划成本	
				请领	实发	单价	金额
	轴承		套	10	10	720	

记账

记账:　　　　发料:赵宏　　　　审批:　　　　领料:李杰

领　料　单

领料部门:装配车间　　　　　　　　　　　　　　　　凭证编号:L—027
用　　途:BP 电机　　　　　2012 年 12 月 5 日　　　　发料仓库:1 号仓库

材料类别	材料名称	材料规格	计量单位	数量		计划成本	
				请领	实发	单价	金额
	风扇		台	5	5	110	

记账

记账:　　　　发料:赵宏　　　　审批:　　　　领料:李杰

领　料　单

领料部门:装配车间　　　　　　　　　　　　　　　　凭证编号:L—028
用　　途:ZD 电机　　　　　2012 年 12 月 5 日　　　　发料仓库:1 号仓库

材料类别	材料名称	材料规格	计量单位	数量		计划成本	
				请领	实发	单价	金额
	风扇		台	5	5	110	

记账

记账:　　　　发料:赵宏　　　　审批:　　　　领料:李杰

领　料　单

领料部门：装配车间　　　　凭证编号：L—029
用　　途：一般耗用　　2012年12月5日　　发料仓库：1号仓库

材料类别	材料名称	材料规格	计量单位	数量		计划成本	
				请领	实发	单价	金额
	油漆		千克	10	10	4	

记账

记账：　　发料：赵宏　　审批：　　领料：李杰

领　料　单

领料部门：装配车间　　　　凭证编号：L—030
用　　途：一般耗用　　2012年12月5日　　发料仓库：1号仓库

材料类别	材料名称	材料规格	计量单位	数量		计划成本	
				请领	实发	单价	金额
	油漆		千克	10	10	4	

记账

记账：　　发料：赵宏　　审批：　　领料：李杰

领　料　单

领料部门：装配车间　　　　凭证编号：L—031
用　　途：一般耗用　　2012年12月5日　　发料仓库：1号仓库

材料类别	材料名称	材料规格	计量单位	数量		计划成本	
				请领	实发	单价	金额
	润滑油		千克	5	5	7.5	

记账

记账：　　发料：赵宏　　审批：　　领料：李杰

领　料　单

领料部门:装配车间　　　　　　　　　　　　　　　　凭证编号:L—032

用　　途:一般耗用　　　　2012 年 12 月 5 日　　　　发料仓库:1 号仓库

材料类别	材料名称	材料规格	计量单位	数量		计划成本		
				请领	实发	单价	金额	
	润滑油		千克	5	5	7.5		记
								账

记账:　　　　发料:赵宏　　　　审批:　　　　领料:李杰

领　料　单

领料部门:装配车间　　　　　　　　　　　　　　　　凭证编号:L—006

用　　途:BP 电机　　　　2012 年 12 月 5 日　　　　发料仓库:2 号仓库

材料类别	材料名称	材料规格	计量单位	数量		计划成本		
				请领	实发	单价	金额	
	包装箱		个	10	10	800		记
								账

记账:　　　　发料:刘伟　　　　审批:　　　　领料:李杰

领　料　单

领料部门:装配车间　　　　　　　　　　　　　　　　凭证编号:L—007

用　　途:ZD 电机　　　　2012 年 12 月 5 日　　　　发料仓库:2 号仓库

材料类别	材料名称	材料规格	计量单位	数量		计划成本		
				请领	实发	单价	金额	
	包装箱		个	10	10	800		记
								账

记账:　　　　发料:刘伟　　　　审批:　　　　领料:李杰

领　料　单

领料部门：装配车间　　　　　　　　　　　　　　　　　　　　凭证编号：L—008
用　　途：一般耗用　　　　　2012 年 12 月 5 日　　　　　　发料仓库：2 号仓库

材料类别	材料名称	材料规格	计量单位	数量		计划成本	
				请领	实发	单价	金额
	劳保用品		套	10	10	90	

记账

记账：　　　　发料：刘伟　　　　审批：　　　　领料：李立

领　料　单

领料部门：装配车间　　　　　　　　　　　　　　　　　　　　凭证编号：L—009
用　　途：一般耗用　　　　　2012 年 12 月 5 日　　　　　　发料仓库：2 号仓库

材料类别	材料名称	材料规格	计量单位	数量		计划成本	
				请领	实发	单价	金额
	劳保用品		套	10	10	90	

记账

记账：　　　　发料：刘伟　　　　审批：　　　　领料：李立

领　料　单

领料部门：机修车间　　　　　　　　　　　　　　　　　　　　凭证编号：L—010
用　　途：维修设备　　　　　2012 年 12 月 5 日　　　　　　发料仓库：1 号仓库

材料类别	材料名称	材料规格	计量单位	数量		计划成本	
				请领	实发	单价	金额
	润滑油		千克	5	5	7.5	

记账

记账：　　　　发料：刘伟　　　　审批：　　　　领料：赵冰

业务 43-1

河南增值税专用发票

№ 00346975

发票联

校验码 23996 58838 25147 67767　　开票日期：2012 年 12 月 15 日

国税函[2011]523 号朔光印刷有限公司

购货单位	名　　称：中原市嵩山电机厂 纳税人识别号：410103238808321 地 址 、电 话：平安区农业路 52 号、32345679 开户行及账号：建设银行 6227002633200111411			密码区	6776869>*/−/</>38521*91−+69/42714453+69*+//−587+6*94>4+25896222814>−>>5/9>>4/>>>571		
货物或应税劳务名称	规格型号	单位	数量	单价	金额	税率	税额
天然气		立方米	300	2.50	750	17%	127.50
合　计		立方米	300	2.50	¥750		¥127.50
价税合计(大写)	捌佰柒拾柒圆伍角整				(小写)¥877.50		
销货单位	名　　称：中原市天然气公司 纳税人识别号：372659120011122 地 址 、电 话：东明路 82 号 开户行及账号：工行东明支行 6523432215621234756			备注	中原市天然气公司 发票专用章 税号372659120011122		

收款人：张扬　　复核：吴坤　　开票人：毛东　　销货单位：(章)

第二联：发票联　购货方记账凭证

业务 43-2

中国建设银行托收凭证(付款通知)

委托日期 2012 年 12 月 26 日　　付款期限　年　月　日

业务类型	委托收款(□邮划、□电划)　托收承付(■邮划、□电划)			
付款人 全称	中原市嵩山电机厂	收款人	全称	中原市天然气公司
付款人 账号	6227002633200111411		账号	6523432215621234756
付款人 开户银行	建设银行		开户银行	工行东明办事处
人民币(大写)	捌佰柒拾柒圆伍角整		千百十万千百十元角分	¥ 8 7 7 5 0
款项内容	天燃气	托收凭证名称	附寄单证张数	
商品发运情况			合同名称号码	
	中国建设银行中原分行兴通支行 2012.12.15 转讫　年　月　日	付款人注意： 1. 根据支付结算办法，上列委托收款(托收承付)款项再付款期内未提出拒付，即视为同意付款，以此代付款通知。 2. 如提出全部或部分拒付，应在规定期限内，将拒付理由书并附债务证明退交开户银行。 2012 年 12 月 25 日		

此联付款人开户行给付款人按期付款通知

业务 44

中原市嵩山电机厂

设备报废申请单

2012年12月17日

设备名称	KG设备	预计使用年限	15年	已使用年限	9年
设备编号	J23468	原　值	232 000	已提折旧	210 000
使用部门	机加车间	折余价值	22 000	预计残值	10 000
报废原因	设备老化，主要部件严重损坏	技术部门意见	加工产品已达不到标准，影响产品质量，建议报废。 王　强		
报废处理建议	做废品处理	设备管理部门意见	同意报废 李晓阳		
企业领导意见	同意 孙建国	报废日期	中原市嵩山电机厂 2012年12月15日 业务专用章		

业务 45-1

固定资产调拨单

调出单位：中原市嵩山电机厂

调入单位：中原市兴光机械厂　　2012年12月17日　　调拨单号：00160

转移原因	联营投资				税金：	评估价值：480 000.00		
名称	型号	单位	数量	预计使用寿命	已使用年限	原值	已提折旧	净值
铣床	WN426	台	1	20	1	500 000	15 000	485 000
调出单位		中原市嵩山电机厂 财务专用章			调入单位		中原市兴光机械厂 财务专用章	
财务负责人：李　林 设备科科长：赵小亮					财务负责人：李　华 设备科科长：张华飚			

会计主管：李　林　　稽核：李　勇　　制单：刘　霞

业务 45-2

泰达评估事务所文件

中原[2012]字第 651 号

资产评估报告

中原市兴光机械厂：

我所受贵单位的委托，依据《中华人民共和国国有资产评估办法》、《中华人民共和国注册会计师法》和《企业会计准则》等规定，对贵厂接受嵩山电机厂投入的 WN426 铣床一台进行评估。其原始价值 500 000 元，已提折旧 15 000 元，固定资产按净值评估确定价值为 480 000 元。

评估员：李　莉

中国注册资产评估师：王立群

泰达评估事务所

2012 年 12 月 13 日

业务 46-1

专用收款收据

收款日期：2012 年 12 月 17 日　　　№ 0010231

<table>
<tr><td>付款单位
(交款人)</td><td>中原市嵩
山电机厂</td><td>收款单位
(领款人)</td><td colspan="10">恒通租赁公司</td><td>收款项目</td><td>租赁款</td></tr>
<tr><td rowspan="2">人民币
(大写)</td><td rowspan="2" colspan="2">贰万圆整</td><td>千</td><td>百</td><td>十</td><td>万</td><td>千</td><td>百</td><td>十</td><td>元</td><td>角</td><td>分</td><td colspan="2">结算方式</td></tr>
<tr><td></td><td></td><td>¥</td><td>2</td><td>0</td><td>0</td><td>0</td><td>0</td><td>0</td><td>0</td><td colspan="2">转账支票</td></tr>
<tr><td rowspan="2">收款事由</td><td rowspan="2" colspan="2">租赁设备款</td><td rowspan="2" colspan="3">经办</td><td colspan="2">部门</td><td colspan="7"></td></tr>
<tr><td colspan="2">人员</td><td colspan="7"></td></tr>
<tr><td rowspan="2" colspan="2">上述款照数收讫无误。
收款单位财会专用章：
(领款人签章)</td><td colspan="3">会计主管</td><td colspan="3">稽核</td><td colspan="4">出纳</td><td colspan="3">交款人</td></tr>
<tr><td colspan="3">高鹏</td><td colspan="3">姚琳</td><td colspan="4">程煜</td><td colspan="3">林红</td></tr>
</table>

（印章：恒通租赁公司 财务专用章）

专用收款收据

业务 46-2

中国工商银行转账支票存根

支票号码：№02532410

附加信息＿＿＿＿＿＿

出票日期：2012 年 12 月 17 日

收款人：恒通租赁公司
金　额：¥20 000.00
用　途：支付融资租赁设备款

单位主管：李林　　会计：刘霞

业务 47-1

中原市物资回收公司

收购凭单

收款日期：2012 年 12 月 18 日　　№ 0026859

收购货物名称	计量单位	数量	单位价格	金额 十	万	千	百	十	元	角	分
废钢铁	千克	3 750	3.2		1	2	0	0	0	0	0
合计(大写)	壹万贰仟圆整			¥	1	2	0	0	0	0	0

制表：全智勇　　收款：刘　欣　　企业盖章

（印章：中原市物资回收公司 财务专用章）

业务 47-2

专用收款收据

收款日期：2012 年 12 月 18 日　　№ 0014789

付款单位(交款人)	中原市嵩山电机厂	收款单位(领款人)	中原市物资回收公司									收款项目	设备拆卸费
人民币(大写)	叁仟圆整		千	百	十	万	千	百	十	元	角	分	结算方式
							¥	3	0	0	0	0	转账支票
收款事由	设备报废拆卸费		经办	部门									
				人员									
上述款照数收讫无误。收款单位财会专用章：(领款人签章)			会计主管	稽核			出纳						交款人
			张京	全智勇			刘　欣						

（印章：中原市物资回收公司 财务专用章）

业务 47-3

进账单（贷方凭证）　　1

2012 年 12 月 18 日

出票人	全称	中原市物资回收公司	收款人	全称	中原市嵩山电机厂
	账号	87964505		账号	6227002633200111411
	开户银行	中国建设银行中原建业支行		开户银行	中国建行银行中原分行兴通支行

金额	人民币（大写）：壹万贰仟圆整	千	百	十	万	千	百	十	元	角	分
				¥	1	2	0	0	0	0	0

票据种类	转账支票	票据张数	1
票据号码			
备注：			

中国建设银行中原分行兴通支行　2012.12.18　转讫

复核：　　记账：

此联是收款人开户银行给收款人的回单或收账通知

注：该设备原值为 232 000 元，已提折旧 210 000 元，已使用 9.5 年

业务 47-4

中国工商银行转账支票存根

支票号码：№02532419

附加信息__________

出票日期：2012 年 12 月 18 日

收款人：中原市物资回收公司
金　额：¥3 000.00
用　途：支付设备清理费用

单位主管：李林　　会计：刘霞

业务 48

固定资产竣工验收单

2012 年 12 月 18 日　　　　№ 00056

固定资产名称	起重机	验收日期	2012.12.19	使用部门	装配车间
型号规格	ZZJ-1型	始建日期	2012.12.06	建造单位	洛阳重型机械厂
固定资产编号	2231-56	竣工日期	2012.12.18	工程成本	505 000
主要技术参数： （略）			验收意见： 设备功能符合要求，通过验收，可投入使用。		

（印章：洛阳重型机械厂）（印章：中原市嵩山电机厂）

设备科科长：杨大伟　　交验单位：　　设备科验收人：刘阳

业务 49-1

专用收款收据

收款日期：2012 年 12 月 19 日　　　　№ 0010732

付款单位（交款人）	中原市嵩山电机厂	收款单位（领款人）	中原市电机经销公司									收款项目	包装物押金
人民币（大写）	肆仟圆整		千	百	十	万	千	百	十	元	角	分	结算方式
						¥	4	0	0	0	0	0	转账支票
收款事由	退还包装物押金		经办	部门									
				人员									

上述款照数收讫无误。 收款单位财会专用章： （领款人签章）	会计主管	稽核	出纳	交款人
	张京	许林	曹淑娟	林红

（印章：中原市电机经销公司 财务专用章）

业务 49-2

中国建设银行转账支票存根

支票号码：№02535250

附加信息＿＿＿＿＿＿＿＿

出票日期：2012 年 12 月 19 日

收款人：中原市电机经销公司
金　额：￥4 000.00
用　途：退还包装物押金

单位主管：李林　　会计：刘霞

业务 50-1

河南增值税专用发票

发　票　联

№ 00361294

校验码 83666 13521 40125 73869　　　　开票日期：2012 年 12 月 20 日

购货单位	名称：宏达机电公司 纳税人识别号：465502760213275 地址、电话：新华路 22 号 开户行及账号：工行龙支 65232121005121	密码区	78960>*/−/</>43212*65−+ 12/95867932+94*+//−373+6* 64>4+6654801*3090>−>>2/2 >>5/>>>3

货物或应税劳务名称	规格型号	单位	数量	单价	金额	税率	税额
BP 电机		台	5	60 000	300 000	17%	51 000
合　计					￥300 000		￥51 000
价税合计（大写）	叁拾伍万壹仟圆整				（小写）￥351 000.00		

销货单位	名称：中原市嵩山电机厂 纳税人识别号：410103238808321 地址、电话：平安区农业路 52 号 32345679 开户行及账号：工行隆兴支行 6222020200026808184	备注	

收款人：赵红　　复核：李林　　开票人：李夏　　销货单位：（章）

（印章：中原市嵩山电机厂 发票专用章 税号410103238808321）

第一联：记账联　销货方记账凭证

国税函[2011]523 号潮光印刷有限公司

业务 50-2

货 票

计划号码或运输号码:232901　　　　中原市铁路局　　　　丙联:承运及收款凭证:发站——托运人

发站	中原	到站	武汉		车种车号	货车45号	货车标重		承运人/托运人装车	
经由		货物运到期限				施封号码				
运价里程		集装箱箱型			保价金额		现付费用			
							费别	金额	费别	金额
托运人地址名称	中原市平安区农业路52号中原市嵩山电机厂						运费	5 000		
收货人地址名称	武汉市新华路22号宏达机电公司						基金1			
货物品名	品名代码	件数	货物重量	计费重量	运价号	运价率	基金2			
电机		3					印花税			
合计										
集装箱号码										
记事							合计	¥5 000		

中原铁路分局　2012.12.20　中原站

发站承运日期

业务 50-3

中国工商银行转账支票存根

支票号码：№03475175

附加信息＿＿＿＿＿＿＿＿

＿＿＿＿＿＿＿＿＿＿＿＿

＿＿＿＿＿＿＿＿＿＿＿＿

出票日期：2012 年 12 月 20 日

收款人：
金 额：
用 途：运费

单位主管：李林　　会计：刘霞

业务 50-4

ICBC 中国工商银行　电汇凭证（回单）

□普通　□加急　　委托日期：　年　月　日

<table>
<tr><td rowspan="3">汇款人</td><td>全称</td><td colspan="2"></td><td rowspan="3">收款人</td><td>全称</td><td colspan="10"></td></tr>
<tr><td>账号</td><td colspan="2"></td><td>账号</td><td colspan="10"></td></tr>
<tr><td>汇出地点</td><td>省</td><td>市/县</td><td>汇入地点</td><td colspan="10">省　市/县</td></tr>
<tr><td colspan="2">汇出行名称</td><td colspan="2"></td><td colspan="2">汇入行名称</td><td colspan="10"></td></tr>
<tr><td rowspan="2">金额</td><td colspan="5" rowspan="2">人民币（大写）</td><td>千</td><td>百</td><td>十</td><td>万</td><td>千</td><td>百</td><td>十</td><td>元</td><td>角</td><td>分</td></tr>
<tr><td></td><td></td><td></td><td></td><td></td><td></td><td></td><td></td><td></td><td></td></tr>
<tr><td colspan="4" rowspan="2">汇出行签章
中国工商银行中原分行
隆兴支行
2012.12.20
转讫</td><td colspan="2">支付密码</td><td colspan="10"></td></tr>
<tr><td colspan="12">附加信息及用途：

复核：　　记账：</td></tr>
</table>

此联是汇出银行给汇款人的回单

业务 51-1

河南省地方税务局通用机打发票

传　递　联(一)

密码　　　　　　　　　　　　　　　　　　　　　　　　　发票代码:1418201953796

开票日期:2012-12-20　　　　行业分类:制造业　　　　　　发票号码:32457381

付款单位名称:南方电机厂

货物或劳务名称	单位	单价	数量	金额
专利	项	500 000	1	500 000.00

合计人民币(大写):伍拾万圆整　　　　(小写):¥500 000.00

收款单位名称(盖章):中原市嵩山电机厂

收款单位识别码:410103238808321　　　　开票人:文晓峰　　备注:

发票代码:1418201953796　　　　发票号码:32457381

中原华泰2011年10月印500000份

第二联:传递联(一)(手开无效)

中原市嵩山电机厂 发票专用章 税号410103238808321

注:该项专利权的成本为 600 000 元,已摊销 112 500 元

业务 51-2

 中国工商银行　　　　进账单(回单)　　1

2012 年 12 月 20 日

出票人			收款人		
全称	南方电机厂		全称	中原市嵩山电机厂	
账号	17020378129019O2806		账号	6222020200026808184	
开户银行	招商银行江州大桥支行		开户银行	工商银行中原隆兴支行	

人民币(大写):伍拾万圆整	千	百	十	万	千	百	十	元	角	分
			¥	5	0	0	0	0	0	0

票据种类	银行汇票	票据张数	1
票据号码			

复核　　记账　　　　　　　　　　开户银行盖章

中国工商银行中原分行
隆兴支行
2012.12.20
转讫

此联是开户银行交给持票人的回单

业务 52

上海证券中央登记清算公司

941202	成交过户交割凭单		卖
股东编号：	A126358	成交证券：	兰陵股份
电脑编号：	86232	成交数量：	10 000
公司编号：	631	成交价格：	15
申请编号：	365	成交金额：	150 000
申报时间：	10:10	标准佣金：	350
成交时间：	11:00	过户费用：	10
上交余额：	15 000(股)	印花税：	150
本次成交：	10 000(股)	应收金额：	
本次余额：	5 000(股)	附加费用：	
本次库存：		实收金额：	149 490

③通知联

（印章：中原市证券公司 财务专用章）

经办单位：＿＿＿＿＿＿　客户签章：中原市嵩山电机厂　日期：2012 年 12 月 21 日

业务 53

河南省行政事业性收费及罚没收入专用票据

代收银行编号：0114502　　2012 年 12 月 21 日　　No21075152

缴款人名称	中原市嵩山电机厂	缴款通知书(处罚决定书)号码	中原市财政局 00468421
项目编码	项目名称		金额
52222423	罚款		600
合计(大写)陆佰圆整			600
收款单位盖章：（印章：中原市财政局 收费及罚没收入专用章）		代收银行盖章(未盖章无效)（印章：中原商业银行） 经办人(章)：清讫　复核(章)：	

第一联：收据联

打印票据 手写无效

业务 54-1

河南增值税专用发票

发票联

№ 00361295

校验码 83666 13521 40125 73869　　　　开票日期：2012 年 12 月 24 日

购货单位	名　　称：南昌重型机械公司 纳税人识别号：890102760214735 地址、电话：开明路 98 号 开户行及账号：工行昆办 2086100500328				密码区	373549＞＊/－/＜/＞67832＊43－＋12/47985107＋34＊＋//－123＋6＊63＞4＋6317790＊6345＞－＞＞2/2＞＞4/＞＞＞3	
货物或应税劳务名称	规格型号	单位	数量	单价	金额	税率	税额
ZD 电机		台	10	45 000	450 000	17%	76 500
合　计					￥450 000		￥76 500
价税合计（大写）	伍拾贰万陆仟伍佰圆整				（小写）￥526 500.00		
销货单位	名　　称：中原市嵩山电机厂 纳税人识别号：410103238808321 地址、电话：平安区农业路 52 号、32345679 开户行及账号：工行隆兴支行 6222020200026808184				备注	中原市嵩山电机厂 发票专用章 税号 410103238808321	

收款人：赵红　　复核：李林　　开票人：李夏　　销货单位：（章）

第一联：记账联　销货方记账凭证

国税函[2011]523 号潮光印刷有限公司

业务 54-2

ICBC 中国工商银行　商业承兑汇票（存根）　1

出票日期（大写）：　　年　　月　　日　　汇票号码：

付款人	全称		收款人	全称	
	账号			账号	
	汇出地点	省　市/县		汇入地点	省　市/县
金额	人民币（大写）				千 百 十 万 千 百 十 元 角 分
汇票到期日（大写）		付款人开户行		行号	
交易合同号码				地址	
备注：					

中国工商银行中原分行隆兴支行 2012.12.24 转讫

此联由出票人留存

业务 55-1

按照我厂与中原市机床厂的联营合同，分得税前利润 100 000 元。

财务部长：李林

2012 年 12 月 24 日

业务 55-2

进账单（贷方凭证） 1

2012 年 12 月 24 日

出票人	全称	中原机床附件厂	收款人	全称	中原市嵩山电机厂
	账号	60003635		账号	6227002633200111411
	开户银行	建设银行工安办事处		开户银行	中国建设银行中原分行兴通支行

金额	人民币（大写）壹拾万圆整	千	百	十	万	千	百	十	元	角	分
			¥	1	0	0	0	0	0	0	0

票据种类	转账支票	票据张数	1
票据号码			
备注：			

中国建设银行中原分行兴通支行 2012.12.24 转讫

复核： 记账：

此联是收款人开户银行给收款人的回单或收账通知

业务 56-1

付款期限
2 个月

中国建设银行　地名

本　票

出票日期(大写)贰零壹壹 年壹拾贰 月贰拾肆 日　　　　第　　号

收款人:中原市嵩山电机厂			
凭票即付人民币(大写)柒万零贰佰圆整　　　(小写金额)70 200.00			
转账√	现金	出票行签章	科目(借)＿＿＿＿ 对方科目(贷)＿＿＿＿ 付款日期　　年　　月　　日 出纳　　复核　　经办
备注			

业务 56-2

河南增值税专用发票

№ 00361296

校验码 83666 13521 40125 73869　　　　开票日期:2012 年 12 月 24 日

购货单位	名　　称:中原航海机电公司 纳税人识别号:410102760228593 地 址 、电 话:华山路 132 号 开户行及账号:建行兴通支行 68730659				密码区	470549＞＊/－/＜/＞87232＊73－＋12/63495107＋34＊＋//－275＋6＊75＞4＋3400052＊6000＞－＞＞2/2＞＞4/＞＞＞2	
货物或应税劳务名称	规格型号	单位	数量	单价	金额	税率	税额
BP 电机		台	1	60 000	60 000	17%	10 200
合　计					¥60 000		¥10 200
价税合计(大写)	柒万零贰佰圆整　　(小写)¥70 200.00						
销货单位	名　　称:中原市嵩山电机厂 纳税人识别号:410103238808321 地 址 、电 话:平安区农业路 52 号、32345679 开户行及账号:工行隆兴支行 6222020200026808184				备注		

收款人:赵红　　复核:李林　　开票人:李夏　　销货单位(章)

国税函[2011]523 号湖光印刷有限公司

第一联:记账联　销货方记账凭证

业务 56-3

ICBC 中国工商银行　进账单（贷方凭证）　1

年　月　日

出票人	全称		收款人	全称	中原市嵩山电机厂
	账号			账号	6222 0202 0002 6808 184
	开户银行			开户银行	工行隆兴支行
金额	人民币（大写）			千百十万千百十元角分	￥ 7 0 2 0 0 0 0
票据种类	银行本票	票据张数	1		
票据号码					
备注：				复核：　记账：	

中国工商银行中原分行隆兴支行 2012.12.24 转讫

此联是收款人开户银行给收款人的回单或收账通知

业务 56-4

公路、内河货物运输业统一发票（代开）

抵扣联

发票代码：241000810021

开票日期：2012 年 12 月 24 日　　发票号码：00316614

机打代码 机打号码 机器编码		税控码	
收货人及 纳税人识别号	中原航海机电公司 410102760228593	承运人或 纳税人识别号	畅通物流公司 410823794277529
发货人及 纳税人识别号	中原市嵩山电机厂 410104712644904	主管税务机关 及代码	中原市地税一分局 241082300
运输项目及金额	货物名称　数量（重量）单位运价　计费里程　金额 电机　1　800	其他项目及金额	费用名称　金额　　备注：
运费小计	￥800	其他费用小计	￥0
合计（大写）	捌佰圆整		（小写）￥800
代开单位 及代码	中原市地税一分局 241082300	综合税率 6.6％	扣缴税额 52.80

综合税率：3％＋3％×（7％＋3％）＋10％×3.3％

其中：3％是运输业营业税税率，10％是运输业的平均利润率，3.3％是所得税税率。

业务 57-1

财产清查报告单

2012 年 12 月 25 日　　　　第 5 号

类别	财产名称规格	单位	单价	账面数量	实物数量	盘盈		盘亏		盘亏原因
						数量	金额	数量	金额	
18002	包装箱	个	800	105	101			4	3 200	待查
合　　计				105	101			4	3 200	

二 财务

财务：　　审批：　　主管：　　保管使用：　　制单：刘霞

业务 57-2

财产清查报告单

2012 年 12 月 25 日　　　　第 6 号

类别	财产名称规格	单位	单价	账面数量	实物数量	盘盈		盘亏		盘亏原因
						数量	金额	数量	金额	
	精密车床	台	120 000	4	3			1	120 000	待查
合　　计				4	3			1	120 000	

二 财务

财务：　　审批：　　主管：　　保管使用：　　制单：王芳

注：该机床已提折旧 52 000 元

业务 58-1

河南省地方税务局通用机打发票

发票联

密码 356913　　发票代码：241001210120

开票日期：2012-12-26　　行业分类：通信业　　发票号码：08774479

客户名称：中原市嵩山电机厂

收款方名称：中原市电信公司

品目明细：

品目	金额	备注
电话费	1 256.00	

合计人民币(大写)壹仟贰佰伍拾陆圆整　　(小写)¥1 256.00

开票人：李坤

主管税务机关：中新区地方税务局新政路税务所

发票代码：241001210120　　发票号码：08774479

第一联　发票联　(手写无效)

业务 58-2

ICBC  委托收款凭证(付账通知) 3　　第　号

特约

委托日期：2012 年 12 月 26 日

<table>
<tr><td rowspan="3">付款人</td><td>全称</td><td>中原市嵩山电机厂</td><td rowspan="3">收款人</td><td>全称</td><td colspan="10">中原市电信公司</td></tr>
<tr><td>账号</td><td>6222020200026808184</td><td>账号</td><td colspan="10">6222291275212566843</td></tr>
<tr><td>开户行</td><td>中原分行隆兴支行</td><td>开户行</td><td colspan="10">工行淮河支行</td></tr>
<tr><td rowspan="2">委收金额</td><td colspan="4" rowspan="2">人民币
(大写)：壹仟贰佰伍拾陆圆整</td><td>千</td><td>百</td><td>十</td><td>万</td><td>千</td><td>百</td><td>十</td><td>元</td><td>角</td><td>分</td></tr>
<tr><td></td><td></td><td></td><td>¥</td><td>1</td><td>2</td><td>5</td><td>6</td><td>0</td><td>0</td></tr>
<tr><td>计费周期</td><td colspan="2">1 个月</td><td colspan="2">协议(合同)号码</td><td colspan="10"></td></tr>
<tr><td>款项内容</td><td colspan="2">12 月份电话费</td><td colspan="12">收款人开户银行盖章
年　月　日
中国工商银行中原分行隆兴支行 2012.12.26 转讫</td></tr>
</table>

单位主管：李林　　会计：刘霞　　复核：　　记账：

10×17.5 公分(白纸褐油墨)

此联是付款人开户银行通知付款人按期付款的通知

业务 59-1

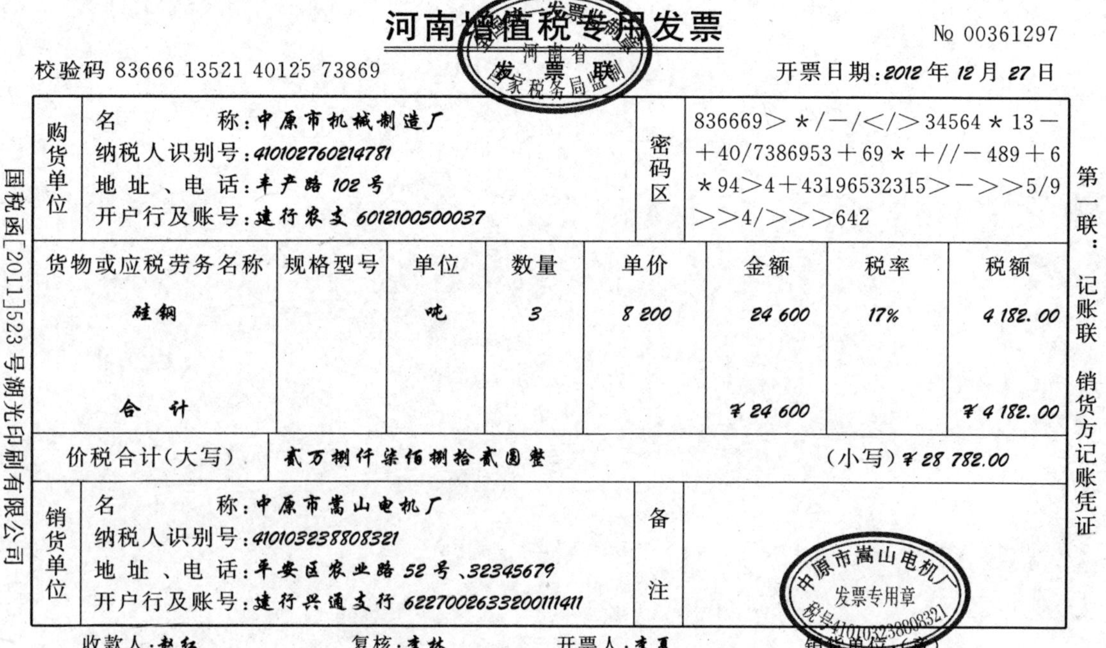

河南增值税专用发票　发票联　№ 00361297

校验码 83666 13521 40125 73869　　开票日期：2012 年 12 月 27 日

购货单位	名称：中原市机械制造厂 纳税人识别号：410102760214781 地址、电话：丰产路 102 号 开户行及账号：建行农支 6012100500037	密码区	836669＞＊/－/</＞34564＊13－ ＋40/7386953＋69＊＋//－489＋6 ＊94＞4＋43196532315＞－＞＞5/9 ＞＞4/＞＞＞642

货物或应税劳务名称	规格型号	单位	数量	单价	金额	税率	税额
硅钢		吨	3	8 200	24 600	17%	4 182.00
合　计					¥ 24 600		¥ 4 182.00
价税合计（大写）	贰万捌仟柒佰捌拾贰圆整				（小写）¥ 28 782.00		

销货单位	名称：中原市嵩山电机厂 纳税人识别号：410103238808321 地址、电话：平安区农业路 52 号、32345679 开户行及账号：建行兴通支行 6227002633200111411	备注	（中原市嵩山电机厂 发票专用章 税号 410103238808321）

收款人：赵红　　复核：李林　　开票人：李夏　　销货单位（章）

国税函[2011]523 号溯光印刷有限公司

第一联：记账联　销货方记账凭证

业务 59-2

进账单（贷方凭证）　　1

2012 年 12 月 27 日

出票人			收款人		
全称	中原市机械制造厂		全称	中原市嵩山电机厂	
账号	6012100500037		账号	6227002633200111411	
开户银行	建行农支		开户银行	建行中原分行兴通支行	
金额	人民币（大写）：		千百十万千百十元角分	¥	
票据种类	转账支票	票据张数	1		
票据号码					
备注：			复核：	记账：	

（中国建设银行中原分行兴通支行 2012.12.27 转讫）

此联是收款人开户银行给收款人的回单或收账通知

业务 60

无形资产摊销表

2012 年 12 月 28 日　　　　　　　　　　　　单位：元

无形资产名称	成　本	预计使用寿命(年)	本月摊销额
专利权			
土地使用权			
非专利技术			
合　计			

制表：刘霞　　　　　　　　　　　　财务部长：李林

业务 61-1

河南省地方税务局通用机打发票

发　票　联

密码 456712　　　　　　　　　　　　发票代码：241001110160

开票日期：2012-12-28　　　　行业分类：服务业广告业　　　　发票号码：01351078

付款方名称：中原市嵩山电机厂

收款方名称：中原市海丰广告公司

品目明细：

品目	金额	备注
广告费	7 500.00	

合计人民币(大写)柒仟伍佰圆整　　　　(小写)￥7 [illegible]0.00 转账[illegible]票

开票人：李坤

主管税务机关：中信区地方税务局新政路税务所

第一联：发票联(手写无效)

发票代码：241001110160　　　　发票号码：01351078

业务 61-2

中国工商银行转账支票存根

支票号码：№05325167

附加信息＿＿＿＿＿＿＿＿

＿＿＿＿＿＿＿＿＿＿＿＿

出票日期：2012 年 12 月 28 日

收款人：
金　额：
用　途：广告费

单位主管：李林　　会计：刘霞

业务 62

收料凭证汇总表

2012 年 12 月 31 日

材料名称 \ 成本及差异		期初结存		本期收入			合计		差异率
		计划成本	成本差异	实际成本	计划成本	成本差异	计划成本	成本差异	
原料及主要材料	生铁								
	硅钢								
燃料	焦炭								
	天然气								
外购半成品	轴承								
	风扇								
辅助材料	油漆								
	润滑油								
备品配件	备件								
包装物	包装箱								
低值易耗品	劳保用品								
合计									

业务 63

领　料　单

领料部门:铸造车间　　　　凭证编号:L—033
用　　途:BP 电机　　　　2012 年 12 月 16 日　　　　发料仓库:1 号仓库

材料类别	材料名称	材料规格	计量单位	数量		计划成本	
				请领	实发	单价	金额
	生铁		吨	50	50	3 500	

记账

记账:　　　　发料:赵宏　　　　审批:　　　　领料:王亮

领　料　单

领料部门:铸造车间　　　　凭证编号:L—034
用　　途:ZD 电机　　　　2012 年 12 月 16 日　　　　发料仓库:1 号仓库

材料类别	材料名称	材料规格	计量单位	数量		计划成本	
				请领	实发	单价	金额
	生铁		吨	50	50	3 500	

记账

记账:　　　　发料:赵宏　　　　审批:　　　　领料:王亮

领　料　单

领料部门:机加车间　　　　凭证编号:L—035
用　　途:BP 电机　　　　2012 年 12 月 16 日　　　　发料仓库:1 号仓库

材料类别	材料名称	材料规格	计量单位	数量		计划成本	
				请领	实发	单价	金额
	硅钢		吨	20	20	7 800	

记账

记账:　　　　发料:赵宏　　　　审批:　　　　领料:刘涛

领　料　单

领料部门:机加车间　　　　　　　　　　　　　　凭证编号:L—036
用　　途:ZD电机　　　　2012年12月16日　　　　发料仓库:1号仓库

材料类别	材料名称	材料规格	计量单位	数量		计划成本	
				请领	实发	单价	金额
	硅钢		吨	20	20	7 800	

记账

记账:　　　　发料:赵宏　　　　审批:　　　　领料:刘涛

领　料　单

领料部门:铸造车间　　　　　　　　　　　　　　凭证编号:L—037
用　　途:BP电机　　　　2012年12月16日　　　　发料仓库:1号仓库

材料类别	材料名称	材料规格	计量单位	数量		计划成本	
				请领	实发	单价	金额
	焦炭		吨	20	20	1 450	

记账

记账:　　　　发料:赵宏　　　　审批:　　　　领料:王亮

领　料　单

领料部门:铸造车间　　　　　　　　　　　　　　凭证编号:L—038
用　　途:ZD电机　　　　2012年12月16日　　　　发料仓库:1号仓库

材料类别	材料名称	材料规格	计量单位	数量		计划成本	
				请领	实发	单价	金额
	焦炭		吨	20	20	1 450	

记账

记账:　　　　发料:赵宏　　　　审批:　　　　领料:王亮

领　料　单

领料部门：铸造车间　　　　　　　　　　　　　　　　凭证编号：L—039

用　　途：BP电机　　　　2012年12月16日　　　　发料仓库：1号仓库

材料类别	材料名称	材料规格	计量单位	数量		计划成本	
				请领	实发	单价	金额
	天然气		米^3	200	200	2.4	

记账

记账：　　　　发料：赵宏　　　　审批：　　　　领料：王亮

领　料　单

领料部门：铸造车间　　　　　　　　　　　　　　　　凭证编号：L—040

用　　途：ZD电机　　　　2012年12月16日　　　　发料仓库：1号仓库

材料类别	材料名称	材料规格	计量单位	数量		计划成本	
				请领	实发	单价	金额
	天然气		米^3	200	200	2.4	

记账

记账：　　　　发料：赵宏　　　　审批：　　　　领料：王亮

领　料　单

领料部门：装配车间　　　　　　　　　　　　　　　　凭证编号：L—041

用　　途：BP电机　　　　2012年12月16日　　　　发料仓库：1号仓库

材料类别	材料名称	材料规格	计量单位	数量		计划成本	
				请领	实发	单价	金额
	轴承		套	80	80	720	

记账

记账：　　　　发料：赵宏　　　　审批：　　　　领料：李杰

领　料　单

领料部门:装配车间　　　　　　　　　　　　　　凭证编号:L—042
用　　途:ZD电机　　　2012年12月16日　　　发料仓库:1号仓库

材料类别	材料名称	材料规格	计量单位	数量		计划成本	
				请领	实发	单价	金额
	轴承		套	80	80	720	

记账

记账:　　　　发料:赵宏　　　　审批:　　　　领料:李立

领　料　单

领料部门:装配车间　　　　　　　　　　　　　　凭证编号:L—043
用　　途:BP电机　　　2012年12月16日　　　发料仓库:1号仓库

材料类别	材料名称	材料规格	计量单位	数量		计划成本	
				请领	实发	单价	金额
	风扇		台	30	30	110	

记账

记账:　　　　发料:赵宏　　　　审批:　　　　领料:李立

领　料　单

领料部门:装配车间　　　　　　　　　　　　　　凭证编号:L—044
用　　途:ZD电机　　　2012年12月16日　　　发料仓库:1号仓库

材料类别	材料名称	材料规格	计量单位	数量		计划成本	
				请领	实发	单价	金额
	风扇		台	20	20	110	

记账

记账:　　　　发料:赵宏　　　　审批:　　　　领料:李立

领　料　单

领料部门：装配车间　　　　　　　　　　　　　　　　　　凭证编号：L—045
用　　途：一般耗用　　　　2012 年 12 月 16 日　　　　发料仓库：1 号仓库

材料类别	材料名称	材料规格	计量单位	数量		计划成本	
				请领	实发	单价	金额
	油漆		千克	180	180	4	

记账

记账：　　　　发料：赵宏　　　　审批：　　　　领料：李杰

领　料　单

领料部门：装配车间　　　　　　　　　　　　　　　　　　凭证编号：L—046
用　　途：一般耗用　　　　2012 年 12 月 16 日　　　　发料仓库：1 号仓库

材料类别	材料名称	材料规格	计量单位	数量		计划成本	
				请领	实发	单价	金额
	油漆		千克	160	160	4	

记账

记账：　　　　发料：赵宏　　　　审批：　　　　领料：李杰

领　料　单

领料部门：装配车间　　　　　　　　　　　　　　　　　　凭证编号：L—047
用　　途：一般耗用　　　　2012 年 12 月 16 日　　　　发料仓库：1 号仓库

材料类别	材料名称	材料规格	计量单位	数量		计划成本	
				请领	实发	单价	金额
	润滑油		千克	90	90	7.5	

记账

记账：　　　　发料：赵宏　　　　审批：　　　　领料：李杰

领 料 单

领料部门:装配车间　　　　凭证编号:L—048
用　　途:一般耗用　　　　2012年12月16日　　　　发料仓库:1号仓库

材料类别	材料名称	材料规格	计量单位	数量		计划成本	
				请领	实发	单价	金额
	润滑油		千克	70	70	7.5	

记账

记账:　　　发料:赵宏　　　审批:　　　领料:李杰

领 料 单

领料部门:装配车间　　　　凭证编号:L—011
用　　途:BP电机　　　　2012年12月16日　　　　发料仓库:2号仓库

材料类别	材料名称	材料规格	计量单位	数量		计划成本	
				请领	实发	单价	金额
	包装箱		个	80	80	800	

记账

记账:　　　发料:刘伟　　　审批:　　　领料:李杰

领 料 单

领料部门:装配车间　　　　凭证编号:L—012
用　　途:ZD电机　　　　2012年12月16日　　　　发料仓库:2号仓库

材料类别	材料名称	材料规格	计量单位	数量		计划成本	
				请领	实发	单价	金额
	包装箱		个	70	70	800	

记账

记账:　　　发料:刘伟　　　审批:　　　领料:李杰

领 料 单

领料部门：装配车间　　　　　　　　　　　　　　　　　　凭证编号：L—013
用　　途：一般耗用　　　　2012 年 12 月 16 日　　　　　发料仓库：2 号仓库

材料类别	材料名称	材料规格	计量单位	数量		计划成本	
				请领	实发	单价	金额
	劳保用品		套	40	40	90	

记账

记账：　　　　发料：刘伟　　　　审批：　　　　领料：李杰

领 料 单

领料部门：装配车间　　　　　　　　　　　　　　　　　　凭证编号：L—014
用　　途：一般耗用　　　　2012 年 12 月 16 日　　　　　发料仓库：2 号仓库

材料类别	材料名称	材料规格	计量单位	数量		计划成本	
				请领	实发	单价	金额
	劳保用品		套	30	30	90	

记账

记账：　　　　发料：刘伟　　　　审批：　　　　领料：李杰

领 料 单

领料部门：机修车间　　　　　　　　　　　　　　　　　　凭证编号：L—015
用　　途：一般耗用　　　　2012 年 12 月 16 日　　　　　发料仓库：1 号仓库

材料类别	材料名称	材料规格	计量单位	数量		计划成本	
				请领	实发	单价	金额
	润滑油		千克	20	20	7.5	

记账

记账：　　　　发料：刘伟　　　　审批：　　　　领料：赵冰

领　料　单

领料部门：铸造车间　　　　凭证编号：L—049

用　　途：BP电机　　　　2012年12月19日　　　　发料仓库：1号仓库

材料类别	材料名称	材料规格	计量单位	数量		计划成本	
				请领	实发	单价	金额
	生铁		吨	25	25	3 500	

记账

记账：　　　　发料：赵宏　　　　审批：　　　　领料：王亮

领　料　单

领料部门：铸造车间　　　　凭证编号：L—050

用　　途：ZD电机　　　　2012年12月19日　　　　发料仓库：1号仓库

材料类别	材料名称	材料规格	计量单位	数量		计划成本	
				请领	实发	单价	金额
	生铁		吨	25	25	3 500	

记账

记账：　　　　发料：赵宏　　　　审批：　　　　领料：王亮

领　料　单

领料部门：机加车间　　　　凭证编号：L—051

用　　途：BP电机　　　　2012年12月19日　　　　发料仓库：1号仓库

材料类别	材料名称	材料规格	计量单位	数量		计划成本	
				请领	实发	单价	金额
	硅钢		吨	10	10	7 800	

记账

记账：　　　　发料：赵宏　　　　审批：　　　　领料：刘涛

领　料　单

领料部门：机加车间　　　　　　　　　　　　　　　　　　　　凭证编号：L—052
用　　途：ZD电机　　　　　2012年12月19日　　　　　　　　发料仓库：1号仓库

材料类别	材料名称	材料规格	计量单位	数量		计划成本	
				请领	实发	单价	金额
	硅钢		吨	10	10	7 800	

记账

记账：　　　　发料：赵宏　　　　审批：　　　　领料：刘涛

领　料　单

领料部门：铸造车间　　　　　　　　　　　　　　　　　　　　凭证编号：L—053
用　　途：BP电机　　　　　2012年12月19日　　　　　　　　发料仓库：1号仓库

材料类别	材料名称	材料规格	计量单位	数量		计划成本	
				请领	实发	单价	金额
	焦炭		吨	10	10	1 450	

记账

记账：　　　　发料：赵宏　　　　审批：　　　　领料：王亮

领　料　单

领料部门：铸造车间　　　　　　　　　　　　　　　　　　　　凭证编号：L—054
用　　途：ZD电机　　　　　2012年12月19日　　　　　　　　发料仓库：1号仓库

材料类别	材料名称	材料规格	计量单位	数量		计划成本	
				请领	实发	单价	金额
	焦炭		吨	10	10	1 450	

记账

记账：　　　　发料：赵宏　　　　审批：　　　　领料：王亮

领　料　单

领料部门：铸造车间　　　　凭证编号：L—055

用　　途：BP电机　　　　2012年12月19日　　　　发料仓库：1号仓库

材料类别	材料名称	材料规格	计量单位	数量		计划成本	
				请领	实发	单价	金额
	天然气		米^3	100	100	2.4	

记账

记账：　　　发料：赵宏　　　审批：　　　领料：王亮

领　料　单

领料部门：铸造车间　　　　凭证编号：L—056

用　　途：ZD电机　　　　2012年12月19日　　　　发料仓库：1号仓库

材料类别	材料名称	材料规格	计量单位	数量		计划成本	
				请领	实发	单价	金额
	天然气		米^3	100	100	2.4	

记账

记账：　　　发料：赵宏　　　审批：　　　领料：王亮

领　料　单

领料部门：装配车间　　　　凭证编号：L—057

用　　途：BP电机　　　　2012年12月19日　　　　发料仓库：1号仓库

材料类别	材料名称	材料规格	计量单位	数量		计划成本	
				请领	实发	单价	金额
	轴承		套	40	40	720	

记账

记账：　　　发料：赵宏　　　审批：　　　领料：李杰

领 料 单

领料部门：装配车间　　　　　　　　　　　　　　　　　　凭证编号：L—058
用　　途：ZD电机　　　　　　2012年12月19日　　　　　　发料仓库：1号仓库

材料类别	材料名称	材料规格	计量单位	数量		计划成本	
				请领	实发	单价	金额
	轴承		套	40	40	720	

记账

记账：　　　　发料：赵宏　　　　审批：　　　　领料：李立

领 料 单

领料部门：装配车间　　　　　　　　　　　　　　　　　　凭证编号：L—059
用　　途：BP电机　　　　　　2012年12月19日　　　　　　发料仓库：1号仓库

材料类别	材料名称	材料规格	计量单位	数量		计划成本	
				请领	实发	单价	金额
	风扇		台	15	15	110	

记账

记账：　　　　发料：赵宏　　　　审批：　　　　领料：李立

领 料 单

领料部门：装配车间　　　　　　　　　　　　　　　　　　凭证编号：L—060
用　　途：ZD电机　　　　　　2012年12月19日　　　　　　发料仓库：1号仓库

材料类别	材料名称	材料规格	计量单位	数量		计划成本	
				请领	实发	单价	金额
	风扇		台	10	10	110	

记账

记账：　　　　发料：赵宏　　　　审批：　　　　领料：李立

领　料　单

领料部门：装配车间　　　　　　　　　　　　　　　　凭证编号：L—061
用　　途：一般耗用　　　　2012 年 12 月 19 日　　　　发料仓库：1 号仓库

材料类别	材料名称	材料规格	计量单位	数量		计划成本	
				请领	实发	单价	金额
	油漆		千克	90	90	4	

记账

记账：　　　　发料：赵宏　　　　审批：　　　　领料：李杰

领　料　单

领料部门：装配车间　　　　　　　　　　　　　　　　凭证编号：L—062
用　　途：一般耗用　　　　2012 年 12 月 19 日　　　　发料仓库：1 号仓库

材料类别	材料名称	材料规格	计量单位	数量		计划成本	
				请领	实发	单价	金额
	油漆		千克	80	80	4	

记账

记账：　　　　发料：赵宏　　　　审批：　　　　领料：李杰

领　料　单

领料部门：装配车间　　　　　　　　　　　　　　　　凭证编号：L—063
用　　途：一般耗用　　　　2012 年 12 月 19 日　　　　发料仓库：1 号仓库

材料类别	材料名称	材料规格	计量单位	数量		计划成本	
				请领	实发	单价	金额
	润滑油		千克	45	45	7.5	

记账

记账：　　　　发料：赵宏　　　　审批：　　　　领料：李杰

领　料　单

领料部门：装配车间　　　　凭证编号：L—064
用　　途：一般耗用　　2012 年 12 月 19 日　　发料仓库：1 号仓库

材料类别	材料名称	材料规格	计量单位	数量		计划成本	
				请领	实发	单价	金额
	润滑油		千克	35	35	7.5	

记账

记账：　　发料：赵宏　　审批：　　领料：李杰

领　料　单

领料部门：装配车间　　　　凭证编号：L—016
用　　途：BP 电机　　2012 年 12 月 19 日　　发料仓库：2 号仓库

材料类别	材料名称	材料规格	计量单位	数量		计划成本	
				请领	实发	单价	金额
	包装箱		个	40	40	800	

记账

记账：　　发料：刘伟　　审批：　　领料：李杰

领　料　单

领料部门：装配车间　　　　凭证编号：L—017
用　　途：ZD 电机　　2012 年 12 月 19 日　　发料仓库：2 号仓库

材料类别	材料名称	材料规格	计量单位	数量		计划成本	
				请领	实发	单价	金额
	包装箱		个	35	35	800	

记账

记账：　　发料：刘伟　　审批：　　领料：李杰

领　料　单

领料部门：装配车间　　　　　　　　　　　　　　　　　凭证编号：L—018

用　　途：一般耗用　　　2012 年 12 月 19 日　　　　　发料仓库：2 号仓库

材料类别	材料名称	材料规格	计量单位	数量		计划成本	
				请领	实发	单价	金额
	劳保用品		套	20	20	90	

记账

记账：　　　　发料：刘伟　　　　审批：　　　　领料：李杰

领　料　单

领料部门：装配车间　　　　　　　　　　　　　　　　　凭证编号：L—019

用　　途：一般耗用　　　2012 年 12 月 19 日　　　　　发料仓库：2 号仓库

材料类别	材料名称	材料规格	计量单位	数量		计划成本	
				请领	实发	单价	金额
	劳保用品		套	15	15	90	

记账

记账：　　　　发料：刘伟　　　　审批：　　　　领料：李杰

领　料　单

领料部门：机修车间　　　　　　　　　　　　　　　　　凭证编号：L—020

用　　途：一般耗用　　　2012 年 12 月 19 日　　　　　发料仓库：1 号仓库

材料类别	材料名称	材料规格	计量单位	数量		计划成本	
				请领	实发	单价	金额
	润滑油		千克	10	10	7.5	

记账

记账：　　　　发料：刘伟　　　　审批：　　　　领料：赵冰

领　料　单

领料部门：机修车间　　　　凭证编号：L—021

用　　途：一般耗用　　　　2012 年 12 月 19 日　　　　发料仓库：2 号仓库

材料类别	材料名称	材料规格	计量单位	数量		计划成本	
				请领	实发	单价	金额
	劳保用品		套	15	15	90	

记账

记账：　　　　发料：刘伟　　　　审批：　　　　领料：赵冰

领　料　单

领料部门：供电车间　　　　凭证编号：L—022

用　　途：一般耗用　　　　2012 年 12 月 19 日　　　　发料仓库：2 号仓库

材料类别	材料名称	材料规格	计量单位	数量		计划成本	
				请领	实发	单价	金额
	劳保用品		套	10	10	90	

记账

记账：　　　　发料：刘伟　　　　审批：　　　　领料：王雷

领　料　单

领料部门：机修车间　　　　　　　　　　　　　　凭证编号：L—023
用　　途：一般耗用　　　2012 年 12 月 19 日　　　发料仓库：1 号仓库

材料类别	材料名称	材料规格	计量单位	数量		计划成本	
				请领	实发	单价	金额
	备件		件	5	5	400	

记账

记账：　　　　发料：刘伟　　　　审批：　　　　领料：赵冰

领　料　单

领料部门：中原市机械制造厂　　　　　　　　　　凭证编号：L—065
用　　途：销售　　　2012 年 12 月 27 日　　　发料仓库：1 号仓库

材料类别	材料名称	材料规格	计量单位	数量		计划成本	
				请领	实发	单价	金额
	硅钢		吨	3	3	7 800	

记账

记账：　　　　发料：刘伟　　　　审批：　　　　领料：王辉

发料凭证汇总表

2012 年 12 月 31 日

材料名称 领用部门			原料及主要材料		燃　料		外购半成品		辅助材料		备件		包装物		低值易耗品		合　计	
			计划成本	成本差异	计划成本	成本差异	计划成本	成本差异	计划成本	成本差异	计划成本	成本差异	计划成本	成本差异	计划成本	成本差异	计划成本	成本差异
基本生产成本	铸造车间																	
	机加车间																	
	装配车间																	
辅助生产成本	机修车间																	
	供电车间																	
制造费用	铸造车间																	
	机加车间																	
	装配车间																	
厂部																		
合计																		

制表：

业务 64-1

职工薪酬结算汇总表

2012年12月

单位：元

车间、部门		标准工资	各种奖金	津贴和补贴	缺勤工资	应付工资	代扣款项				实付工资
							医疗保险费	养老保险费	住房公积金	小计	
铸造车间	生产人员	241 670	30 000	10 000	920	280 750	22 460	33 690	33 690	89 840	
	管理人员	17 500	5 000	3 125	175	25 450	2 036	3 054	3 054	8 144	
机加车间	生产人员	295 800	70 840	50 000	1 415	415 225	33 218	49 827	49 827	132 872	
	管理人员	16 875	4 687	2 500	437	23 625	1 890	2 835	2 835	7 560	
装配车间	生产人员	258 340	65 835	39 585	2 585	361 175	28 894	43 341	43 341	115 576	
	管理人员	8 750	5 875	3 500	150	17 975	1 438	2 157	2 157	5 752	
机修车间		31 875	20 000	5 000	750	56 125	4 490	6 735	6 735	17 960	
供电车间		13 125	8 125	2 250	300	23 200	1 856	2 784	2 784	7 424	
厂部管理人员		176 100	37 800	7 800		221 700	17 736	26 604	26 604	70 944	
专设销售机构人员		21 000	5 100	1 100		27 200	2 176	3 264	3 264	8 704	
合　计		1 081 035	253 262	124 860	6 732	1 452 425	116 194	174 291	174 291	464 776	

制表：张　勇

注：企业应为职工缴纳的社会保险费及住房公积金与职工个人负担金额相同；企业分别按职工工资总额的2%和1.5%计提工会经费和职工教育经费。

业务 64-2

直接人工成本分配表

2012 年 12 月

单位、产品		定额工时	职工薪酬	
			分配率	分配额
铸造车间				
	合　计			
机加车间				
	合　计			
装配车间				
	合　计			

制表：

业务 65

坏账准备计算表

年　　月　　日

应收款项	期末余额	应提坏账准备(5%)	实提坏账准备
应收账款			
应收票据			
其他应收款			
预付账款			

业务 66

债券溢价摊销表

2012 年 12 月 31 日

项目	票面利息	实际利息	溢价摊销额
企业债券	186 600	180 200	6 400

业务 67

股票期末价格

2012 年 12 月 31 日

公司名称	最低价	开盘价	收盘价	最高价
兰陵股份	17.2 元	17.50 元	18 元	18.3 元

业务 68

盘亏资产审批意见

经查实确认盘亏包装箱属于保管不善丢失，应由责任人王良赔偿 1 500 元；盘亏设备无法查明原因(2009 年以前购入的)，现批准予以转销。

2012 年 月 31 日

财务负责人：李　林　　　　会计：刘　震

业务 69

固定资产折旧计算表

2012 年 12 月

固定资产类别		房屋及建筑物	机器设备	运输设备	合计
月折旧率		1%	1.5%	2%	
铸造车间	原值	2 350 000	780 000	50 000	3 180 000
	月折旧额				
机加车间	原值	2 700 000	3 600 000	75 000	6 375 000
	月折旧额				
装配车间	原值	3 660 000	1 125 000	60 000	4 845 000
	月折旧额				
机修车间	原值	195 000	180 000	—	375 000
	月折旧额				
供电车间	原值	225 000	300 000	—	525 000
	月折旧额				
厂部	原值	2 100 000		600 000	2 700 000
	月折旧额				
出租	原值	—	350 000	—	350 000
	月折旧额				
合计	原值	11 230 000	6 335 000	785 000	18 350 000
	月折旧额				

业务 70

资产减值计算汇总表

2012 年 12 月 31 日　　　　单位：元

资产名称	预计可收回金额	账面价值	资产减值损失
ZK 机床	138 000	150 000	
PY 机床	156 000	180 000	
专利权	253 000	320 000	
合　计	547 000	650 000	

制表：刘霞　　　　财务部长：李林

业务 71-1

辅助生产提供劳务数量

2012 年 12 月

辅助生产车间	铸造车间	机加车间	装配车间	机修车间	厂部	合计
机修(工时)	12 500	30 200	26 126		5 000	73 826
供电(度数)	4 125	11 625	6 480	450	3 270	25 950

业务 71-2

辅助生产成本分配表

年 月 日

辅助生产车间	应分配成本额	劳务用电数量	分配额									
			制造费用						管理费用		合计	
			铸造车间		机加车间		装配车间		数量	金额	数量	金额
			数量	金额	数量	金额	数量	金额				
机修车间												
供电车间												
合计												

业务 72

制造费用分配表

年　　月　　日

车间、产品		定额工时	分配率	制造费用分配额
铸造车间	BP 电机			
	ZD 电机			
	合　计			
机加车间	BP 电机			
	ZD 电机			
	合　计			
装配车间	BP 电机			
	ZD 电机			
	合　计			

制表：

业务 73

产品成本计算单

车间名称：　　　　　　　　　　　　　　　　　　完工产量：

产品名称：　　　　　年　　月　　日　　　　　　金额单位：

成本项目	直接材料	直接人工	制造费用	合计
期初在产品成本				
本月生产成本				
合　计				
约当产量				
分配率				
完工产品转出				
期末在产品成本				

制表：

产品成本计算单

车间名称：　　　　　　　　　　　　　　　　　　　　　　完工产量：
产品名称：　　　　　　　　年　　月　　日　　　　　　　金额单位：

成本项目	直接材料	直接人工	制造费用	合计
期初在产品成本				
本月生产成本				
合　　计				
约当产量				
分配率				
完工产品转出				
期末在产品成本				

制表：

产品成本计算单

车间名称：　　　　　　　　　　　　　　　　　　　　　　完工产量：
产品名称：　　　　　　　　年　　月　　日　　　　　　　金额单位：

成本项目	直接材料	直接人工	制造费用	合计
期初在产品成本				
本月生产成本				
合　　计				
约当产量				
分配率				
完工产品转出				
期末在产品成本				

制表：

产品成本计算单

车间名称：　　　　　　　　　　　　　　　　　　　　　　完工产量：
产品名称：　　　　　　　　年　　月　　日　　　　　　　金额单位：

成本项目	直接材料	直接人工	制造费用	合计
期初在产品成本				
本月生产成本				
合　　计				
约当产量				
分配率				
完工产品转出				
期末在产品成本				

制表：

产品成本计算单

车间名称：　　　　　　　　　　　　　　　　　　　　　　　　　　完工产量：
产品名称：　　　　　　　　　年　　月　　日　　　　　　　　　　金额单位：

成本项目	直接材料	直接人工	制造费用	合计
期初在产品成本				
本月生产成本				
合　　计				
约当产量				
分配率				
完工产品转出				
期末在产品成本				

制表：

产品成本计算单

车间名称：　　　　　　　　　　　　　　　　　　　　　　　　　　完工产量：
产品名称：　　　　　　　　　年　　月　　日　　　　　　　　　　金额单位：

成本项目	直接材料	直接人工	制造费用	合计
期初在产品成本				
本月生产成本				
合　　计				
约当产量				
分配率				
完工产品转出				
期末在产品成本				

制表：

产品成本汇总计算表

产品名称：　　　　　　　　　年　　月　　日　　　　　　　　　　完工产量：

	直接材料	直接人工	制造费用	合　　计	单位成本
铸造车间					
机加车间					
装配车间					
合计					
单位成本					

制表：

产品成本汇总计算表

产品名称： 年 月 日 完工产量：

	直接材料	直接人工	制造费用	合计	单位成本
铸造车间					
机加车间					
装配车间					
合计					
单位成本					

制表：

业务 74

产 品 入 库 单

交货部门： 2012 年 12 月 31 日 编号：RK1201

名称	规格	单位	数量	单价	金额	备注
BP 电机						
合计						

记账联

交货： 保管： 制单：

产 品 入 库 单

交货部门： 2012 年 12 月 31 日 编号：RK1202

名称	规格	单位	数量	单价	金额	备注
ZD 电机						
合计						

记账联

交货： 保管： 制单：

业务 75

产品出库单

购货单位：　　　　2012 年 12 月 2 日　　　　编号：XS1201

名称	规格	单位	数量	单价	金额	备注
3D 电机			10			
合计						

记账联

收货：　　　　保管：　　　　制单：

产品出库单

购货单位：　　　　2012 年 12 月 2 日　　　　编号：XS1202

名称	规格	单位	数量	单价	金额	备注
8P 电机			5			
合计						

记账联

收货：　　　　保管：　　　　制单：

产品出库单

购货单位：　　　　2012 年 12 月 9 日　　　　编号：XS1203

名称	规格	单位	数量	单价	金额	备注
3D 电机			5			
合计						

记账联

收货：　　　　保管：　　　　制单：

产 品 出 库 单

购货单位：　　　　2012年12月9日　　　　编号：XS1204

名称	规格	单位	数量	单价	金额	备注
BP电机			10			
合计						

记账联

收货：　　　　保管：　　　　制单：

产 品 出 库 单

购货单位：　　　　2012年12月15日　　　　编号：XS1205

名称	规格	单位	数量	单价	金额	备注
ZD电机			8			
合计						

记账联

收货：　　　　保管：　　　　制单：

产 品 出 库 单

购货单位：　　　　2012年12月15日　　　　编号：XS1206

名称	规格	单位	数量	单价	金额	备注
BP电机			4			
合计						

记账联

收货：　　　　保管：　　　　制单：

产 品 出 库 单

购货单位： 2012年12月20日 编号：XS1207

名称	规格	单位	数量	单价	金额	备注
BP电机			5			
合计						

记账联

收货： 保管： 制单：

产 品 出 库 单

购货单位： 2012年12月22日 编号：XS1203

名称	规格	单位	数量	单价	金额	备注
ZD电机			3			
合计						

记账联

收货： 保管： 制单：

产 品 出 库 单

购货单位： 2012年12月23日 编号：XS1204

名称	规格	单位	数量	单价	金额	备注
BP电机			6			
合计						

记账联

收货： 保管： 制单：

产品销售成本计算表

2012年12月31日

产品名称	期初结存			本期完工入库			本期销售		
	数量	单位成本	总成本	数量	单位成本	总成本	数量	单位成本	总成本
BP电机									
ZD电机									

业务 76-1

营业税金及附加草算表

年 月

营业税		城建税及教育费附加					
经营项目	金额	计税依据	计税基数	城建税		教育费附加	
				比例	金额	比例	金额
		营业税					
		增值税					
合计							

业务 76-2

增值税纳税申报表（适用于增值税一般纳税人）

税款所属时间：自　　年　月　日至　年　月　日　填表日期：　年　月　日

金额单位：元至角分

所属行业：

纳税人识别号						
纳税人名称	（公章）	法定代表人姓名		注册地址		营业地址	
开户银行及账号		企业登记注册类型		电话号码		

项　目		栏次	一般货物及劳务		即征即退货物及劳务	
			本月数	本年累计	本月数	本年累计
销售额	（一）按适用税率征税货物及劳务销售额	1				
	其中：应税货物销售额	2				
	应税劳务销售额	3				
	纳税检查调整的销售额	4				
	（二）按简易征收办法征税货物销售额	5				
	其中：纳税检查调整的销售额	6				
	（三）免、抵、退办法出口货物销售额	7			—	—
	（四）免税货物及劳务销售额	8			—	—
	其中：免税货物销售额	9			—	—
	免税劳务销售额	10			—	—
税款计算	销项税额	11				
	进项税额	12				
	上期留抵税额	13		—		—
	进项税额转出	14				
	免抵退货物应退税额	15			—	—
	按适用税率计算的纳税检查应补缴税额	16			—	—
	应抵扣税额合计	17＝12＋13－14－15＋16		—		—
	实际抵扣税额	18（如 17＜11，则为 17，否则为 11）				

续表

项目		栏次	一般货物及劳务		即征即退货物及劳务	
			本月数	本年累计	本月数	本年累计
税款计算	应纳税额	19=11−18				
	期末留抵税额	20=17−18		—		—
	简易征收办法计算的应纳税额	21				
	按简易征收办法计算的纳税检查应补缴税额	22			—	—
	应纳税额减征额	23				
	应纳税额合计	24=19+21−23				
税款缴纳	期初未缴税额(多缴为负数)	25				
	实收出口开具专用缴款书退税额	26			—	—
	本期已缴税额	27=28+29+30+31				
	(1)分次预缴税额	28		—		—
	(2)出口开具专用缴款书预缴税额	29		—	—	—
	(3)本期缴纳上期应纳税额	30				
	(4)本期缴纳欠缴税额	31				
	期末未缴税额(多缴为负数)	32=24+25+26−27				
	其中:欠缴税额(≥0)	33=25+26−27		—		—
	本期应补(退)税额	34=24−28−29		—		—
	即征即退实际退税额	35	—	—		
	期初未缴查补税额	36			—	—
	本期入库查补税额	37			—	—
	期末未缴查补税额	38=16+22+36−37			—	—

授权声明	申报人声明
如果你已委托代理人申报,请填写以下资料: 为代理一切税务事宜,现授权 (地址)　　　　为本纳税人的代理申报人,任何与本申报表有关的往来文件,都可寄予此人。 授权人签字:	此纳税申报表是根据《中华人民共和国增值税暂行条例》的规定填报的,我相信它是真实的、可靠的、完整的。 声明人签字:

以下由税务机关填写:

收到日期:　　　　接收人:　　　　主管税务机关盖章:

业务 76-3

营业税纳税申报表(适用于查账征收的营业税纳税人)

纳税人识别号：　　　　电脑代码：

纳税人名称(公章)　　　税款所属时间：自　　年　月　日至　　年　月　日　　填表日期：　　年　月　日　　金额单位：元(列至角分)

税目	行次	营业额								税率(%)	本期税款计算			税款缴纳								
		应税收入	前期多缴项目营业额				应税减除项目金额	应税营业额	免税收入		小计	本期应纳税额	免(减)税额	期初欠缴税额	前期多缴税额	本期已缴税额				本期应缴税额计算		
			小计	营业额冲减	事后审批减免	其他										小计	已缴本期应纳税额	本期已被扣缴税额	本期已缴欠缴税额	小计	本期期末应缴税额	本期期末应缴欠缴税额
		1	2=3+4+5	3	4	5	6	7=1−6	8	9	10=11+12	11=7×9	12=8×9	13	14=2×9	15=16+17+18	16	17	18	19=20+21	20=11−14−16−17	21=13−18
交通运输业	1																					
建筑业	2																					
邮电通讯业	3																					
服务业	4																					
娱乐业 5%税率	5																					
娱乐业 10%税率	6																					
娱乐业 20%税率	7																					
金融保险业	8																					
文化体育业	9																					
销售不动产	10																					
转让无形资产	11																					
	12																					
	13																					
合　计	14																					
代扣代缴项目	15																					
	16																					
总　计	17																					

纳税人或代理人声明：	如纳税人填报，由纳税人填写以下各栏：
此纳税申报表是根据国家税收法律的规定填报的，我确定它是真实的、可靠的、完整的。	办税人员(签章)：　财务负责人(签章)：　法定代表人(签章)：
	如委托代理人填报，由代理人填写以下各栏：
	代理人名称：　经办人(签章)：　联系电话：

以下由税务机关填写：

受理人：　　　受理日期：　年　月　日　　　受理税务机关(签章)

本表为 A3 横式一式三份，一份纳税人留存，一份主管税务机关留存，一份征收部门留存。

业务 76-4

中华人民共和国企业所得税年度纳税申报表(A类)

税款所属期间：　　年　　月　　日至　　年　　月　　日

纳税人名称：

纳税人识别号：□□□□□□□□□□□□□□□□□□□□　　金额单位：元(列至角分)

类别	行次	项　目	金额
利润总额计算	1	一、营业收入(填附表一)	
	2	减：营业成本(填附表二)	
	3	营业税金及附加	
	4	销售费用(填附表二)	
	5	管理费用(填附表二)	
	6	财务费用(填附表二)	
	7	资产减值损失	
	8	加：公允价值变动收益	
	9	投资收益	
	10	二、营业利润	
	11	加：营业外收入(填附表一)	
	12	减：营业外支出(填附表二)	
	13	三、利润总额(10＋11－12)	
应纳税所得额计算	14	加：纳税调整增加额(填附表三)	
	15	减：纳税调整减少额(填附表三)	
	16	其中：不征税收入	
	17	免税收入	
	18	减计收入	
	19	减、免税项目所得	
	20	加计扣除	
	21	抵扣应纳税所得额	
	22	加：境外应税所得弥补境内亏损	
	23	纳税调整后所得(13＋14－15＋22)	
	24	减：弥补以前年度亏损(填附表四)	
	25	应纳税所得额(23－24)	

续表

类别	行次	项　　目	金额
应纳税额计算	26	税率(25%)	
	27	应纳所得税税额(25×26)	
	28	减:减免所得税税额(填附表五)	
	29	减:抵免所得税税额(填附表五)	
	30	应纳税额(27－28－29)	
	31	加:境外所得应纳所得税税额(填附表六)	
	32	减:境外所得抵免所得税税额(填附表六)	
	33	实际应纳所得税税额(30＋31－32)	
	34	减:本年累计实际已预缴的所得税税额	
	35	其中:汇总纳税的总机构分摊预缴的税额	
	36	汇总纳税的总机构财政调库预缴的税额	
	37	汇总纳税的总机构所属分支机构分摊的预缴税额	
	38	合并纳税(母子体制)成员企业就地预缴比例	
	39	合并纳税企业就地预缴的所得税税额	
	40	本年应补(退)的所得税税额(33－34)	
附列资料	41	以前年度多缴的所得税税额在本年抵减额	
	42	以前年度应缴未缴在本年入库所得税税额	

纳税人公章: 经办人: 申报日期:　　年　月　日	代理申报中介机构公章: 经办人及执业证件号码: 代理申报日期:　　年　月　日	主管税务机关受理专用章: 受理人: 受理日期:　　年　月　日

业务 76-5

所得税草算表

年　　月

项目	金额	备注
主营业务收入		
其他业务收入		
投资收益		
营业外收入		
收入合计		
主营业务成本		
其他业务成本		
营业税金及附加		
销售费用		
管理费用		
财务费用		
资产减值损失		
营业外支出		
费用损失合计		
利润总额		
本期所得税费用		

业务 76-6

暂时性差异计算表

项　目	账面价值	计税基础	可抵扣暂时性差异	应纳税暂时性差异
合　计				

业务 76-7

递延所得税资产(负债)草算表

项　　目	期初余额	本期发生额	期末余额
递延所得税资产			
递延所得税负债			

业务 77

利润分配计算表

2012 年 12 月 31 日

利润分配项目	分配比例	分 配 额
提取法定盈余公积金	10%	
提取任意盈余公积金	5%	
向投资者分配利润	30%	

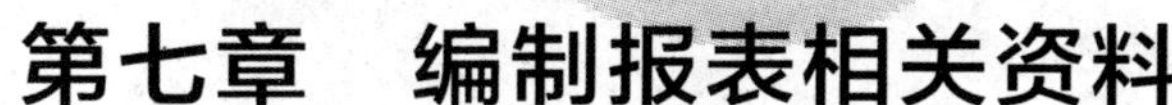

第七章　编制报表相关资料

第一节　科目汇总表

科 目 汇 总 表

编号：

年　　月　　日至　　月　　日　　　　　　　　单位：元

科目名称	账页	本期发生额		记账凭证起讫编号
		借方	贷方	
				现收 号至　　号 ______张 现付 号至　　号 ______张 银收 号至　　号 ______张 银付 号至　　号 ______张 币收 号至　　号 ______张 币付 号至　　号 ______张 转账 号至　　号 ______张
合　　计				

财务主管：　　　　记账：　　　　复核：　　　　制表：

科 目 汇 总 表

编号：

年　　月　　日至　　月　　日　　　　　　　　　　单位：元

科目名称	账页	本期发生额		记账凭证起讫编号
		借方	贷方	
				现收 号至　　号 ______张 现付 号至　　号 ______张 银收 号至　　号 ______张 银付 号至　　号 ______张 币收 号至　　号 ______张 币付 号至　　号 ______张 转账 号至　　号 ______张
合　　计				

财务主管：　　　　记账：　　　　复核：　　　　制表：

科目汇总表

编号：

年　　月　　日至　　月　　日　　　　　　　　单位：元

<table>
<tr><th rowspan="2">科目名称</th><th rowspan="2">账页</th><th colspan="2">本期发生额</th><th rowspan="2">记账凭证
起讫编号</th></tr>
<tr><th>借方</th><th>贷方</th></tr>
<tr><td></td><td></td><td></td><td></td><td rowspan="19">现收
号至　　号
______张
现付
号至　　号
______张
银收
号至　　号
______张
银付
号至　　号
______张
币收
号至　　号
______张
币付
号至　　号
______张
转账
号至　　号
______张</td></tr>
<tr><td></td><td></td><td></td><td></td></tr>
<tr><td></td><td></td><td></td><td></td></tr>
<tr><td></td><td></td><td></td><td></td></tr>
<tr><td></td><td></td><td></td><td></td></tr>
<tr><td></td><td></td><td></td><td></td></tr>
<tr><td></td><td></td><td></td><td></td></tr>
<tr><td></td><td></td><td></td><td></td></tr>
<tr><td></td><td></td><td></td><td></td></tr>
<tr><td></td><td></td><td></td><td></td></tr>
<tr><td></td><td></td><td></td><td></td></tr>
<tr><td></td><td></td><td></td><td></td></tr>
<tr><td></td><td></td><td></td><td></td></tr>
<tr><td></td><td></td><td></td><td></td></tr>
<tr><td></td><td></td><td></td><td></td></tr>
<tr><td></td><td></td><td></td><td></td></tr>
<tr><td></td><td></td><td></td><td></td></tr>
<tr><td></td><td></td><td></td><td></td></tr>
<tr><td>合　　计</td><td></td><td></td><td></td></tr>
</table>

财务主管：　　　　　　记账：　　　　　　复核：　　　　　　制表：

科目汇总表

编号：

年　　月　　日至　　月　　日　　　　　　　　单位：元

<table>
<tr><th rowspan="2">科目名称</th><th rowspan="2">账页</th><th colspan="2">本期发生额</th><th rowspan="2">记账凭证
起讫编号</th></tr>
<tr><th>借方</th><th>贷方</th></tr>
<tr><td></td><td></td><td></td><td></td><td rowspan="19">现收
号至　　号
______张
现付
号至　　号
______张
银收
号至　　号
______张
银付
号至　　号
______张
币收
号至　　号
______张
币付
号至　　号
______张
转账
号至　　号
______张</td></tr>
<tr><td></td><td></td><td></td><td></td></tr>
<tr><td></td><td></td><td></td><td></td></tr>
<tr><td></td><td></td><td></td><td></td></tr>
<tr><td></td><td></td><td></td><td></td></tr>
<tr><td></td><td></td><td></td><td></td></tr>
<tr><td></td><td></td><td></td><td></td></tr>
<tr><td></td><td></td><td></td><td></td></tr>
<tr><td></td><td></td><td></td><td></td></tr>
<tr><td></td><td></td><td></td><td></td></tr>
<tr><td></td><td></td><td></td><td></td></tr>
<tr><td></td><td></td><td></td><td></td></tr>
<tr><td></td><td></td><td></td><td></td></tr>
<tr><td></td><td></td><td></td><td></td></tr>
<tr><td></td><td></td><td></td><td></td></tr>
<tr><td></td><td></td><td></td><td></td></tr>
<tr><td></td><td></td><td></td><td></td></tr>
<tr><td></td><td></td><td></td><td></td></tr>
<tr><td>合　　计</td><td></td><td></td><td></td></tr>
</table>

财务主管：　　　　　　记账：　　　　　　复核：　　　　　　制表：

科目汇总表

编号：

年　　月　　日至　　月　　日　　　　单位：元

<table>
<tr><th rowspan="2">科目名称</th><th rowspan="2">账页</th><th colspan="2">本期发生额</th><th rowspan="2">记账凭证
起讫编号</th></tr>
<tr><th>借方</th><th>贷方</th></tr>
<tr><td></td><td></td><td></td><td></td><td rowspan="19">现收
　号至　号
____张
现付
　号至　号
____张
银收
　号至　号
____张
银付
　号至　号
____张
币收
　号至　号
____张
币付
　号至　号
____张
转账
　号至　号
____张</td></tr>
<tr><td></td><td></td><td></td><td></td></tr>
<tr><td></td><td></td><td></td><td></td></tr>
<tr><td></td><td></td><td></td><td></td></tr>
<tr><td></td><td></td><td></td><td></td></tr>
<tr><td></td><td></td><td></td><td></td></tr>
<tr><td></td><td></td><td></td><td></td></tr>
<tr><td></td><td></td><td></td><td></td></tr>
<tr><td></td><td></td><td></td><td></td></tr>
<tr><td></td><td></td><td></td><td></td></tr>
<tr><td></td><td></td><td></td><td></td></tr>
<tr><td></td><td></td><td></td><td></td></tr>
<tr><td></td><td></td><td></td><td></td></tr>
<tr><td></td><td></td><td></td><td></td></tr>
<tr><td></td><td></td><td></td><td></td></tr>
<tr><td></td><td></td><td></td><td></td></tr>
<tr><td></td><td></td><td></td><td></td></tr>
<tr><td></td><td></td><td></td><td></td></tr>
<tr><td>合　计</td><td></td><td></td><td></td></tr>
</table>

财务主管：　　　　记账：　　　　复核：　　　　制表：

科 目 汇 总 表

编号：

年　　月　　日至　　月　　日　　　　　　　　单位：元

科目名称	账页	本期发生额		记账凭证 起讫编号
		借方	贷方	
				现收 号至　　号 ______张 现付 号至　　号 ______张 银收 号至　　号 ______张 银付 号至　　号 ______张 币收 号至　　号 ______张 币付 号至　　号 ______张 转账 号至　　号 ______张
合　　计				

财务主管：　　　　记账：　　　　复核：　　　　制表：

第二节　空白会计报表

财务状况表（资产负债表）

会企 01 表

编制单位：　　　　　　　　　　　　　　年＿＿＿月＿＿＿日　　　　　　　　　　　　　　　单位：万元

资　产	期末余额	年初余额	负债和所有者权益（或股东权益）	期末余额	年初余额
流动资产：			流动负债：		
货币资金			短期借款		
交易性金融资产			交易性金融负债		
应收票据			应付票据		
应收账款			应付账款		
预付款项			预收款项		
应收利息			应付职工薪酬		
应收股利			应交税费		
其他应收款			应付利息		
存货			应付股利		
一年内到期的非流动资产			其他应付款		
其他流动资产			一年内到期的非流动负债		
流动资产合计			其他流动负债		
非流动资产：			流动负债合计		
可供出售金融资产			非流动负债：		
持有至到期投资			长期借款		
长期应收款			应付债券		
长期股权投资			长期应付款		
投资性房地产			专项应付款		
固定资产			预计负债		
在建工程			递延所得税负债		
工程物资			其他非流动负债		
固定资产清理			非流动负债合计		
无形资产			负债合计		
开发支出			所有者权益（或股东权益）：		
商誉			实收资本（或股本）		

续表

资　　产	期末余额	年初余额	负债和所有者权益（或股东权益）	期末余额	年初余额
长摊待摊费用			资本公积		
递延所得税资产			减：库存股		
其他非流动资产			盈余公积		
非流动资产合计			未分配利润		
			所有者权益（或股东权益）合计		
资产总计			负债和所有者权益（或股东权益）总计		

综合收益表（利润表）

会企 02 表

编制单位：　　　　　　　　＿＿＿＿年＿＿＿月　　　　　　　　单位：元

项　　目	本年金额	上年金额（略）
一、营业收入		
减：营业成本		
营业税金及附加		
销售费用		
管理费用		
财务费用		
资产减值损失		
加：公允价值变动收益（损失以“－”号填列）		
投资净收益（损失以“－”号填列）		
其中：对联营企业和合营企业的投资收益		
二、营业利润（亏损以“－”号填列）		
加：营业外收入		
减：营业外支出		
其中：非流动资产处置损失		
三、利润总额（亏损总额以“－”号填列）		
减：所得税费用		
四、净利润（净亏损以“－”号填列）		
五、每股收益：		
（一）基本每股收益		
（二）稀释每股收益		
六、其他综合收益		
七、综合收益总额		

现金流量表

会企03表

编制单位：　　　　　　　　　　　　＿＿＿年＿＿月　　　　　　　　　　　　单位：元

项　目	行次	本期金额	上期金额（略）
一、经营活动产生的现金流量：			
销售商品、提供劳务收到的现金	1		
收到的税费返还	2		
收到其他与经营活动有关的现金	3		
经营活动现金流入小计	4		
购买商品、接受劳务支付的现金	5		
支付给职工以及为职工支付的现金	6		
支付的各项税费	7		
支付其他与经营活动有关的现金	8		
经营活动现金流出小计	9		
经营活动产生的现金流量净额	10		
二、投资活动产生的现金流量：			
收回投资收到的现金	11		
取得投资收益收到的现金	12		
处置固定资产、无形资产和其他长期资产收回的现金净额	13		
处置子公司及其他营业单位收到的现金净额	14		
收到其他与投资活动有关的现金	15		
投资活动现金流入小计	16		
购建固定资产、无形资产和其他长期资产支付的现金	17		
投资支付的现金	18		
取得子公司及其他营业单位支付的现金净额	19		
支付其他与投资活动有关的现金	20		
投资活动现金流出小计	21		
投资活动产生的现金流量净额	22		
三、筹资活动产生的现金流量：			
吸收投资收到的现金	23		
取得借款收到的现金	24		
收到其他与筹资活动有关的现金	25		
筹资活动现金流入小计	26		
偿还债务支付的现金	27		
分配股利、利润或偿付利息支付的现金	28		
支付其他与筹资活动有关的现金	29		
筹资活动现金流出小计	30		

续表

项　目	行次	本期金额	上期金额(略)
筹资活动产生的现金流量净额	31		
四、汇率变动对现金及现金等价物的影响	32		
五、现金及现金等价物净增加额	33		
加:期初现金及现金等价物余额	34		
六、期末现金及现金等价物余额	35		
补充资料	行次	本期金额	上期金额(略)
1. 将净利润调节为经营活动现金流量:			
净利润	1		
加:资产减值准备	2		
固定资产折旧、油气资产折耗、生产性生物资产折旧	3		
无形资产摊销	4		
长期待摊费用摊销	5		
处置固定资产、无形资产和其他长期资产的损失(收益以“一”号填列)	6		
固定资产报废损失(收益以“一”号填列)	7		
公允价值变动损失(收益以“一”号填列)	8		
财务费用(收益以“一”号填列)	9		
投资损失(收益以“一”号填列)	10		
递延所得税资产减少(增加以“一”号填列)	11		
递延所得税负债增加(减少以“一”号填列)	12		
存货的减少(增加以“一”号填列)	13		
经营性应收项目的减少(增加以“一”号填列)	14		
经营性应付项目的增加(减少以“一”号填列)	15		
其他	16		
经营活动产生的现金流量净额	17		
2. 不涉及现金收支的重大投资和筹资活动:			
债务转为资本	18		
一年内到期的可转换公司债券	19		
融资租入固定资产	20		
3. 现金及现金等价物净变动情况:			
现金的期末余额	21		
减:现金的期初余额	22		
加:现金等价物的期末余额	23		
减:现金等价物的期初余额	24		
现金及现金等价物净增加额	25		

所有者权益(股东权益)变动表

会企:04 表

编制单位: ________年度 单位:元

项目	行次	本年金额								上年金额							
		实收资本(或股本)	资本公积	减:库存股	专项储备	盈余公积	一般风险准备	未分配利润	所有者权益合计	实收资本(或股本)	资本公积	减:库存股	专项储备	盈余公积	一般风险准备	未分配利润	所有者权益合计
一、上年年末余额																	
加:会计政策变更																	
前期差错更正																	
二、本年年初余额																	
三、本年增减变动金额(减少以“—”号填列)																	
(一)净利润																	
(二)其他综合收益																	
上述(一)和(二)小计																	
(三)所有者投入和减少资本																	
1. 所有者投入资本																	
2. 股份支付计入所有者权益的金额																	
3. 其他																	
(四)利润分配																	
1. 提取盈余公积																	
2. 提取一般风险准备																	
3. 对所有者(或股东)的分配																	
4. 其他																	
(五)所有者权益内部结转																	
1. 资本公积转增资本(或股本)																	
2. 盈余公积转增资本(或股本)																	
3. 盈余公积弥补亏损																	
4. 其他																	
(六)专项储备																	
1. 本期提取																	
2. 本期使用																	
(七)其他																	
四、本年年末余额